LES

TRADITIONS

INDO-ASIATIQUES

DU MÊME AUTEUR

EN VENTE:

La Bible dans l'Inde. 1 vol. in-8° . . . . 6 francs.
Les Fils de Dieu. 1 vol. in-8°. . . . . 6 francs.
Christna et le Christ. 1 vol. in-8°. . . . . 6 francs.
Histoire des Vierges. 1 vol. in-8° . . . . 6 francs.
La Genèse de l'humanité. 1 vol. in-8° . . . . . . 6 francs.
Fétichisme. — Polythéisme. — Monothéisme. . . . . 6 francs.
Le Spiritisme dans le monde . . . . 6 francs.
Manou. — Moïse. — Mahomet. . . . . 6 francs.
Les Traditions indo-asiatiques.

La Devadassi. Comédie indoue traduite du Tamoul. 1 vol.
    in-8°. . . . . , ... 1 franc.
La Vérité sur Taïti. 1 vol. in-8°. . . . . 1 franc.
Voyage au pays des Bayadères. 1 vol. gr. in-18 avec
    gravures . . . . 4 francs.
Voyage au pays des Perles. 1 vol. gr. in-18, avec gra-
    vures. . . . . 4 francs.
Voyage aux ruines de Golconde. 1 vol. in-8° . . . . 6 francs.
Voyage au pays des Eléphants. Gr. in-18 avec gravures 4 francs.
La Côte d'Ébène.

SOUS PRESSE:

Les Traditions indo-européennes. 1 vol. in-8°.

EN PRÉPARATION:

Le Ciel et l'Enfer brahmaniques et chrétiens. 1 vol. in-8°.
Le Brahme et le Prêtre devant l'humanité. 1 vol. in-8°.
Le Paria et le Peuple dans l'humanité. 1 vol. in-8°.
Les Rois, les Nobles, les Guerriers dans les diverses religions.
    1 vol. in-8°.
La Femme dans l'Inde, dans les sociétés antiques et dans le
    monde moderne. 1 vol. in-8°.
Brahma et Bouddha. 1 vol. in-8°.
Moïse. — Manou. — Mahomet.
Mahomet. — Moïse. — Manou.

HISTOIRE DE L'ASIE:

L'Inde. 1 vol. in-8°.
L'Indo-Chine. 1 vol. in-8°.
La Chine. 1 vol. in-8°.
Le Japon. 1 vol. in-8°.

Histoire naturelle et sociale de l'homme. 8 vol. in-8°.

IMPRIMERIE EUGÈNE HEUTTE ET Cⁱᵉ, A SAINT-GERMAIN.

LES

TRADITIONS

INDO-ASIATIQUES

PAR

LOUIS JACOLLIOT

PARIS

LIBRAIRIE INTERNATIONALE

A. LACROIX ET Cⁱᵉ, ÉDITEURS

13, RUE DU FAUBOURG-MONTMARTRE

—

1876

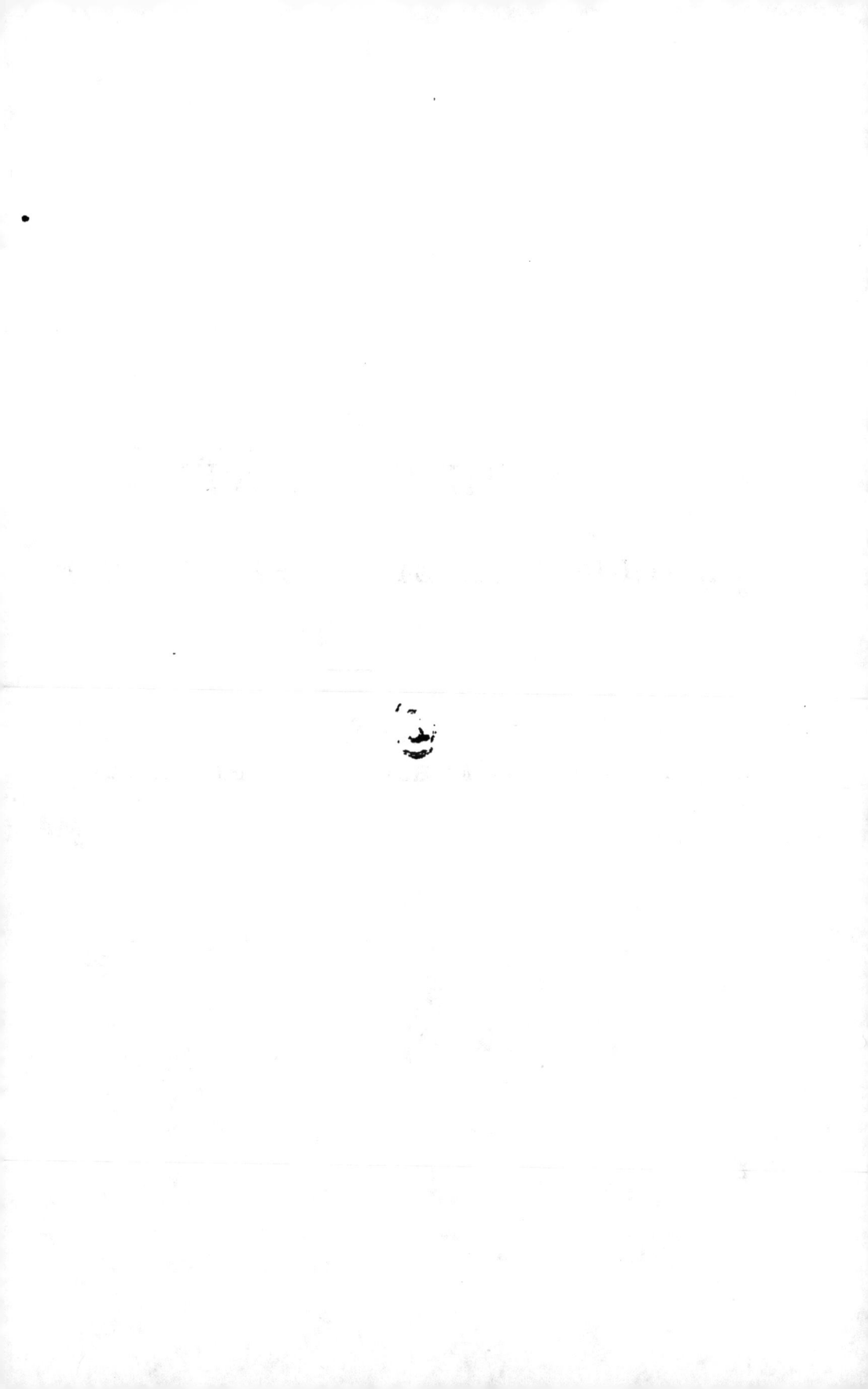

PREMIÈRE PARTIE

LINGUISTIQUE ET ANTHROPOLOGIE

ORIGINE DES RACES HUMAINES ET DU LANGAGE

LES TRADITIONS

INDO-ASIATIQUES

PREMIÈRE PARTIE

Les linguistes de l'école allemande. — Examen critique des opinions. — Linguistique et anthropologie. — La question du singe. — La linguistique est-elle une science naturelle ? — Rendons à Volney ce qui n'appartient pas aux Allemands. — Les linguistes et l'ethnographie. — Indo-Européens et Sémites.

Lorsqu'exempt de toute attache de secte ou d'école, on jette un regard sur le chemin parcouru par l'humanité, depuis le jour où elle est sortie de son berceau de fables et de légendes, pour entrer dans la période historique, rien ne frappe plus le penseur indépendant, que de voir les conceptions les plus différentes, les plus hostiles entre elles, sur le langage et l'origine de l'homme, prendre toutes comme base l'étude de faits positifs, et toutes cependant débuter par une même *pétition de principe*, c'est-à-dire par l'adoption d'axiomes qui auraient besoin d'être démontrés.

Philosophes et savants, dès qu'ils s'enrôlent sous un drapeau spécial, posent immédiatement le principe qui doit éclairer leur marche, d'après les mêmes procédés qu'Aristote imaginant sa loi sur la pesanteur.

« La nature des choses pesantes, avait dit le précepteur d'Alexandre, *est de tendre au centre de l'univers*, et celle des choses légères, *de s'en éloigner*. Or l'expérience nous fait voir que les choses pesantes *tendent au centre de la terre*, et que les choses légères s'en éloignent, *donc le centre de la terre est le même que le centre de l'univers.* »

A cela, Galilée et après lui Bacon répondirent :

« Le philosophe de Stagyre aurait d'abord dû prouver : qu'il est de la nature des choses pesantes de tendre au centre de l'univers, et de celle des choses légères de s'en éloigner. »

Les deux savants firent mieux encore que de redresser l'erreur d'Aristote, ils découvrirent et formulèrent les lois de la pesanteur.

Mais ici, on se trouvait en présence d'un fait d'ordre naturel et positif, qui tôt ou tard devait être étudié et mieux défini, tandis que l'obscur problème des origines de l'homme et du langage, qu'on l'envisage en spiritualiste ou en matérialiste, qu'on l'admette d'ordre naturel ou métaphysique, ne nous livrera jamais son secret primordial, ne sera jamais soumis à la formule d'une loi définitive. Ce problème, le spiritualiste le résout par *Dieu* et le matérialiste par la matière ; et dès que le savant a choisi une de ces deux voies, tout ce qu'il découvre, expérimente, étudie, porte le cachet de sa croyance particulière : il fait tout fléchir devant l'axiome qu'il a admis, bien qu'il sache qu'il ne pourrait pas le démontrer.

Il y a plus : les représentants des deux systèmes s'échauffent à la lutte, et alors, le spiritualiste fait de la science en haine du matérialiste, et le matérialiste en haine du spiritualiste.

Et tous deux ne voient pas : qu'ils ne sont en somme que d'intolérants adorateurs de fétiches, moins éloignés l'un de l'autre qu'on ne le croirait, quoiqu'ils ne soient pas placés dans le même temple. Pour l'un, l'homme est une créature céleste qu'une faute a fait déchoir.

Pour l'autre, l'homme est le premier des primates, c'est-à-dire le premier des singes.

Pour l'un, l'âme est immortelle, pour l'autre elle retourne à la terre d'où elle est sortie.

Ce n'est pas avec ces exagérations, qu'aucune preuve n'étaye des deux parts, que l'on peut construire la science, et faire l'histoire prudente des vérités générales, dont nous augmentons chaque jour notre patrimoine.

D'où vient l'homme? il existe.

Où va-t-il? il progresse.

En dehors de ces deux vérités, il n'est pas possible de rien affirmer *scientifiquement*, c'est-à-dire d'affirmer avec preuves.....

L'homme est-il un composé de deux natures, l'une *esprit* et l'autre *matière*, qui s'en vont quand elles se désagrégent, continuer chacune de leur côté leur rôle dans l'ensemble? Voilà la grande question que toutes les sectes et toutes les écoles du passé ont eu l'ambition de résoudre, et dont les sectes et les écoles du présent, ne se désintéressent pas plus que leurs devancières.

Et quoi qu'ils en aient, beaucoup de savants, qui ont la prétention de faire de la science pure, se laissent aller, sur des sujets qui ne le comportent pas, à trancher de haut cette éternelle question. Interrogez les linguistes de l'école de Schleicher, Kuhn et Spiegel, ils ne se bornent pas à étudier la structure des différents modes de langages, à les comparer entre eux, à rechercher leurs formes initiales, il faut à chaque pas qu'ils imposent leurs idées sur les origines de l'homme, et c'est ce qui me gâte toute leur science, car je ne puis m'empêcher de voir en eux des esprits systématiques qui, en commençant leurs travaux sur les formes *du parler* humain, semblent se dire : « Nous ne constaterons rien de ce qui pourrait être en désaccord avec nos théories anthropologiques. »

Écoutons M. Hæckel.

« Rien, dit-il, n'a dû ennoblir et transformer les facultés du cerveau de l'homme autant que l'acquisition du langage. La différenciation plus complète du cerveau, son perfectionnement et celui de ses plus nobles fonctions, c'est-à-dire des facultés intellectuelles, marchèrent de pair et en s'influençant réciproquement avec leur manifestation parlée. C'est donc à bon droit que les représentants les plus distingués de la philologie comparée, considèrent le langage humain comme le pas le plus décisif qu'ait fait l'homme, pour se séparer de ses ancêtres animaux. C'est un point que Schleicher a mis en relief dans son travail sur *l'importance du langage dans l'histoire naturelle de l'homme.* Là se trouve le trait d'union de la zoologie et de la philologie comparée, la doctrine de l'évolution met chacune de ces sciences en état de suivre pas à pas l'origine du langage..... Il n'y avait point encore chez l'homme-singe de vrai langage, de langue articulée exprimant des idées. »

Comment veut-on que je ne me défie pas d'études linguistiques, commencées sous de pareils auspices?

Voilà qui est entendu : à l'époque où l'homme était encore un singe, il ne possédait pas le vrai langage, le langage articulé. A tout prendre, cela m'est parfaitement indifférent que l'homme ait été ou n'ait pas été singe... mais que vient faire sur le terrain de la linguistique cette prétention anthropologique ? Lorsque vous allez plus tard classer des racines, suivre leurs évolutions, et comparer entre elles les formes lexiques des divers langages, vous me donnerez des exemples, vous raisonnerez sur des faits philologiques indiscutables, car vous ne prétendez pas que je doive m'en rapporter à vos seules affirmations ; vous ferez de la science en hommes de science, pourquoi voulez-vous alors que je ne m'arrête pas à votre proposition :

Au temps où l'homme était singe...

Et que je ne vous demande pas vos preuves anthropologiques au même titre que les preuves *linguistiques*..... en présence surtout d'une opinion qui n'est point présentée comme une hypothèse, mais est, au contraire, affirmée d'un ton dogmatique, et tout comme s'il s'agissait d'une vérité sur laquelle tout le monde soit d'accord.

Ne voyez-vous pas que je suis en droit de vous dire :

« Vos recherches comme linguistes n'auront pas l'indépendance *scientifique* que je désirerais y rencontrer, puisque, tout d'abord, vous les courbez sous le joug de doctrines qui ne sont rien moins que *scientifiquement* démontrées. »

Dans son livre, fort savant du reste, sur la linguistique, M. Abel Hovelacque tient par-dessus tout dès les premières pages, à nous prouver qu'il écrit d'après un système préconçu, dont rien ne le fera dévier, et, comme ses maîtres, il ne voit pas qu'il affaiblit par cela seul, les conclusions qu'il nous présentera comme linguiste.

Voici le passage intéressant à plus d'un titre dans lequel il expose ses idées :

« L'homme n'est homme que parce qu'il possède la faculté du langage articulé. C'était là jadis une proposition malsonnante. Elle est passée aujourd'hui à la condition de vérité banale, aux yeux du moins des personnes qui tiennent pour liquidé et bien liquidé le compte de la métaphysique.....

« C'est en vain que l'on a cherché dans la comparaison de la constitution anatomique de l'homme, et de celle des animaux inférieurs une divergence quelconque, un autre écart que celui du plus au moins. Et cet écart a-t-il été diminué d'une façon considérable à tous les yeux désintéressés, depuis la découverte des anthropoïdes africains (gorilles, pongos et chimpanzés). On peut dire que la théorie sentimentale du *règne humain* se trouve définitivement à bas, et que son discrédit est parachevé.

« Ni l'évolution dentaire, ainsi que l'a démontré M. Broca, ni les caractères de l'os intermaxillaire, ni la structure des mains et des pieds, ni la constitution et les fonctions de la colonne vertébrale, ni la conformation du bassin et du sternum, ni le système musculaire, ni les faits relatifs aux appareils sensoriaux externes, ni l'appareil digestif, ni les caractères anatomiques ou morphologiques du cerveau, ne détachent l'homme des anthropoïdes [1]. Bien plus, il existe sous ce rapport un intervalle tout autrement considérable entre les singes inférieurs et les anthropoïdes, qu'entre ces derniers et l'homme [2]. L'on

1. Broca : Discours sur l'homme et les animaux (*Bulletin de la Société anthropologique de Paris*, 1866, p. 53); L'ordre des primates. Parallèle anatomique de l'homme et des singes (*Ibid.*, 1869, p. 228). Études sur la constitution des vertèbres caudales chez les primates sans queues (*Revue d'anthropologie*, t. II, p. 577.

Consultez encore sur ce sujet : Vogt : Le cours sur l'homme, huitième leçon. Schauffausen : Les questions anthropologiques de notre temps (*Revue scientifique*, 1868, p. 769). Paul Bert (*Bulletin de la Société d'anthropologie de Paris*, 1862, p. 473). Bertillon (*Ibid.*, 1865, p. 605). Mozital (*Ibid.*, 1869, p. 113).

2. Broca : L'ordre des primates, etc., *op. cit. passim*. Dally : L'ordre

s'est rejeté alors sur des caractères non physiques. Mais il s'est trouvé que les animaux inférieurs possédaient la prévoyance, la mémoire, l'imagination, le raisonnement, la pudicité, la dose de volonté compatible avec le déterminisme organique, et qu'ils donnaient les témoignages les moins équivoques de sentiments de pitié, d'admiration, d'affection, d'amour de la domination, d'initiative dans le travail.

« En fin de compte, il fallut produire les deux arguments de réserve ; l'argument de la *religiosité*, l'argument de la *moralité*. Leur succès fut malheureux. Il est aisé, en effet, de soumettre la religiosité à la même critique dont relèvent toutes les manifestations intellectuelles, et de démontrer que son origine n'est que la terreur, la crainte d'un inconnu : *Primus in orbe deos fecit timor.*

« L'enfant ne vient jamais au monde doué d'une faculté religieuse. Il suit là-dessus ce qu'on lui enseigne, mais il ne devine rien, il n'en a pas la connaissance intuitive [1]. C'est ce que M. Broca a exposé en termes excellents. « L'auteur d'une con-

des primates et le transformisme (*Bulletin de la Société d'anthropologie de Paris,* 1868, p. 673.

1. Letourneau : De la religiosité et des religions au point de vue anthropologique (*Bulletin de la Société anthropologique de Paris,* 1865, p. 591) ; sur la méthode qui a conduit à établir un règne humain (*Ibid.,* 1866, p. 269). Lagneau : Sur la religiosité (*Ibid.,* 1865, p. 649). Coudereau : Sur la religiosité comme caractéristique (*Ibid.,* 1866, p. 329). Broca : Discours sur l'homme et les animaux (*Ibid.,* 1866, p. 59 et 74). Dally : Du règne humain et de la religion et de la religiosité (*Ibid.,* 1866, p. 121).

ception religieuse met en jeu des facultés actives, parmi lesquelles l'imagination joue souvent le principal rôle. Voilà une première espèce de religiosité, que j'appellerai la religiosité *active*; mais elle ne se manifeste que chez un très-petit nombre d'individus. La plupart, l'immense majorité des hommes n'ont qu'une religiosité *passive*, qui consiste purement et simplement à croire ce qu'on leur dit, sans avoir besoin de le comprendre, et cette religiosité n'est le plus souvent qu'un résultat de l'éducation. Dès l'âge le plus tendre, l'enfant est élevé au milieu de certaines croyances, on y façonne son esprit sans qu'il soit en état de discuter et de raisonner. Aucune intelligence ne peut se soustraire à l'action de cet enseignement, combiné et perfectionné depuis des siècles.

« L'enfant s'y soumet toujours, et souvent d'une manière définitive. Il croit sans examen, parce qu'il n'est pas encore capable d'examiner, et parce que pour toutes les notions, religieuses ou autres, il s'en rapporte aveuglément à l'autorité de ses instituteurs. Il n'y a rien dans tout cela qui puisse nous révéler l'existence d'une faculté, d'une aptitude ou d'une aspiration particulière. Mais avec l'âge, avec l'expérience, avec l'étude surtout, cet état passif de l'esprit fait place presque toujours à un certain degré de scepticisme. On apprend à se méfier plus ou moins de la parole d'autrui. Il ne suffit plus d'entendre dire une chose pour y croire; on demande des preuves, et lorsqu'un individu accepte sans examen ce qu'on lui raconte, on dit de lui qu'il est crédule comme un enfant.

« Cet esprit de critique, dont le développement marche de front avec celui de l'intelligence elle-même, s'applique d'abord aux notions matérielles, aux faits de la vie ordinaire, et souvent il ne s'étend pas au delà de cet ordre de phénomènes; mais souvent aussi, et sans changer de nature, il s'étend aux conceptions métaphysiques et religieuses, de sorte que dans tous les pays, surtout dans ceux où l'homme cultive son intelligence, on voit un grand nombre d'individus abandonner peu à peu une partie ou la totalité de leurs croyances.

« Ce prétendu caractère humain, que vous appelez la religiosité, a donc disparu chez eux? Les mettrez-vous aux rangs des brutes ces hommes qui souvent se font remarquer par l'étendue de leur savoir, par la puissance de leur esprit? »

(L'écrivain adresse sans doute cette question aux spiritualistes; je n'accepte pas la mission de répondre pour eux, mais ces derniers pourraient s'étonner, à bon droit, de ce que pareille demande leur soit adressée, précisément par ceux qui appellent l'homme le premier des primates, c'est-à-dire le premier des singes.)

« Ainsi, de quelque manière qu'on envisage la religiosité, il est impossible de la considérer comme un fait général et inséparable de la nature de l'homme. La religiosité *active*, créatrice des conceptions religieuses, n'existe que chez de rares individus. La religiosité passive, qui n'est qu'une forme de soumission à l'autorité, de l'appropriation d'une intelligence au milieu dans lequel elle se développe, est incomparablement plus répandue, mais elle est bien loin d'être universelle; si elle l'était, les adeptes de toutes les religions ne tonneraient pas tant contre les incrédules. » — « Il importe de bien le remarquer, non-seulement cette prétendue caractéristique arrive à faire défaut chez une grande part des hommes de science, — on peut dire chez la plus grande et la meilleure part, — mais encore elle manque absolument chez nombre de peuplades réputées sauvages. Nous n'avons que faire de répéter ici les assertions fort catégoriques, et que l'on a vainement révoquées en doute, d'une foule d'observateurs désintéressés. On a prétendu que les peuples, vivant sans dogmes et sans culte, croyaient au moins à des forces et à des manifestations surnaturelles. Mais il est certain, il est évident, que l'infériorité même de ces peuples, leur rend impossible toute distinction du naturel et du soi-disant surnaturel. Il en faut toujours revenir à cette terreur très-explicable dont nous parlions tout à l'heure, à la crainte d'un inconnu, ou pour mieux dire de l'inconnu. S'il convient de voir là une croyance, il n'est point d'animal alors, même très-inférieur, à qui on puisse contester la religiosité.

« Nous ne voulons pas nous appesantir sur la dernière objection, la prétendue caractéristique, tirée de la *moralité*. C'est un fait avéré qu'elle manque tout aussi bien chez beaucoup de peuples sauvages, comme nous l'enseigne l'ethnographie, et que l'on rencontre, évidente, éclatante, dans les actes d'un grand nombre d'animaux, au moins d'animaux sociables... C'est la faculté du langage articulé qu'il faut invoquer, en définitive, pour distinguer l'homme de ses frères inférieurs... L'apparition du langage articulé détermine le point d'évolution où un *primate* a droit au nom d'homme. »

Ainsi, pour nous servir des expressions mêmes de l'auteur que nous citons, « on a vainement cherché, dans la comparaison de la constitution anatomique de l'homme et de celle des animaux inférieurs, une divergence quelconque... Depuis la découverte du gorille, la théorie sentimentale du règne humain est enterrée... Le langage articulé est la seule différence qui existe entre le chimpanzé et l'homme, il détermine le point d'évolution où le singe a mérité le nom d'homme !... Quant aux facultés, les animaux possèdent comme nous le raisonnement, la mémoire, l'imagination, la pudicité, etc... »

Les seules objections que notre auteur trouve dignes d'être combattues sont tirées des arguments de la *religiosité* et de la *moralité*.

Nous ne voyons guère ce que la religiosité vient faire en cette occurrence. L'homme de science, le libre penseur, même en dehors de l'école de Darwin et de Schleicher, n'ont jamais considéré le sentiment religieux vulgaire, celui qu'on inculque aux enfants, comme une caractéristique du règne humain, quoiqu'il serait assez difficile, à notre sens, de l'inculquer à un gorille, ce qui, en somme, présenterait déjà une de ces différences, entre le primate homme et le primate singe, que M. Hovelacque ne rencontre ni dans la constitution anatomique, ni dans les facultés intellectuelles des deux individus. Il nous paraît que notre auteur n'a choisi cet argument que pour se donner le plaisir de le combattre.

Quant à la *moralité* dont serait privée une foule de peuplades sauvages et qu'on rencontrerait *évidente*,

éclatante, dans les actes d'un grand nombre d'animaux..... c'est ici plus que jamais que nous invo-
quons notre droit à exiger des preuves. Nous nous
sommes demandé, en lisant ce passage, et celui où
il est accordé aux animaux la *pudicité*, s'il ne fallait
pas voir là une simple plaisanterie scientifique,
édictée pour reposer l'esprit du lecteur du pathos
germanique qui avait précédé.

Dans tous les cas, cette invention de l'animal,
moral et *pudique*, mérite une mention très-spéciale
de la part de tous ceux qui ne sont pas ennemis
d'une douce gaieté...

C'est là qu'en arrivent, à la remorque des Allemands, certains esprits, très-intolérants du reste, je
n'en veux pour preuve que le dédain avec lequel
ils traitent tout ce qui n'est pas eux, et ne place
pas le singe en tête de la linguistique.

Ainsi voilà qui est fait, ce n'est ni la raison, ni
la liberté, ni le jugement, ni la conscience morale
qui nous élèvent au-dessus des animaux, c'est la
faculté du langage articulé.

Le gorille est intelligent, rempli d'imagination,
le chimpanzé est moral, l'orang-outang est pudi-
bond .. il ne leur manque, comme on dit vulgaire-
ment, que la parole, et le jour où ils l'auront con-
quise ils prendront rang dans la famille humaine.

On croit rêver, quand on lit pareilles choses en tête

d'un livre aux apparences sérieuses, destiné à l'étude des langues. Non pas que nous soyons l'adversaire quand même de ces théories anthropologiques... Rationaliste avant tout (nous dirions positiviste, si nous comprenions en quoi ce néologisme philosophique vaut mieux que l'autre expression), nous ne nous courbons *en science* que quand la raison a reçu des preuves *scientifiques*. Mais nous estimons aussi que la négation *a priori* est un acte de faiblesse intellectuelle, et que toute opinion, avant d'être repoussée, a droit à l'étude et à l'examen... et c'est ainsi que les doctrines purement naturalistes ne nous répugnent nullement, que nous ne nous sentons nullement humilié de la supposition que nous pouvons avoir eu le singe pour ancêtre, mais nous n'accepterons ces doctrines comme exactes, ces faits comme démontrés, que le jour où ils le seront scientifiquement.

Et nous le demandons en toute sincérité, le problème de l'homme-singe est-il scientifiquement et définivement résolu?

Approche-t-il même assez de sa solution, pour qu'on ait le droit de faire reposer sur l'anthropoïde, tout l'échafaudage d'une science linguistique ou autre? Et ne craignez-vous pas, malgré votre profond et indiscutable savoir, que les fondations ne soient trop fragiles pour supporter le couronne-

ment de l'édifice, c'est-à-dire les conclusions purement naturalistes de vos travaux, si remarquables,
du reste.

En d'autres termes, c'est toujours la même *pétition
de principes* que j'attaque. Pourquoi supposer comme
démontrée, une question qui sera, pendant bien des
siècles encore, à l'étude, si tant est qu'on puisse
jamais la résoudre, et vous en servir pour expliquer des phénomènes qui peuvent parfaitement
exister sans cela?

Pourquoi, en un mot, ne pas faire de la linguistique pure... de la science inattaquable, du moment
où elle n'est pas encombrée de questions anthropologiques à l'étude?

Est-ce que la voie indiquée par Schleicher, votre
maître, dans la distinction qu'il établit entre la
philologie et la linguistique, n'est pas suffisamment
large? qu'est-il besoin d'y faire des plantations
étrangères?

« La philologie, dit-il, est une science historique,
et cette science ne peut se trouver appliquée que là
où l'on est en présence d'une littérature, d'une histoire. Là où les monuments font défaut, là où il n'y
a point de culture littéraire, le philologue n'a que
faire; la philologie, en un mot, ne peut s'exercer que
sur des documents historiques. Il en est tout différemment de la linguistique, dont l'objet unique est

la langue elle-même, dont l'unique étude est l'examen de la langue en elle-même, et pour elle-même. Les variations historiques des langues, le développement plus ou moins factice de leur vocabulaire, souvent même leurs procédés syntaxtiques, tout cela n'est pour le linguiste que d'une importance secondaire; il consacre son soin tout entier à l'étude de la manifestation elle-même du langage articulé, fonction naturelle, inévitable et déterminée, à laquelle l'homme ne pourrait se soustraire, et qui, ainsi que toutes les autres fonctions, est d'une implacable nécessité. Peu importe au linguiste qu'une langue ait régné des siècles durant sur de vastes empires, qu'elle ait donné naissance aux monuments littéraires les plus glorieux, qu'elle se soit prêtée aux exigences de la culture intellectuelle la plus délicate, la plus raffinée; peu lui importe aussi qu'une langue obscure ait misérablement péri, sans fruits, sans rejetons, étouffée par d'autres idiomes, inconnue à jamais du philologue.

« La littérature est sans contexte un auxiliaire puissant, grâce auquel il est aisé de saisir l'idiome lui-même, de reconnaître la succession de ses formes, les phases de son développement, un auxiliaire précieux, mais non pas indispensable. Ajoutez que la connaissance d'une seule langue ne peut suffire au linguiste et en cela il se distingue encore du philologue. Il existe, par exemple, une philologie latine, toute indépendante de la philologie grecque, une philologie hébraïque toute indépendante de la philologie arabe ou assyrienne. Mais il ne saurait être question d'une linguistique purement latine, d'une linguistique purement hébraïque : la linguistique est comparée ou n'est pas. On ne peut en effet se rendre compte d'une forme, qu'en la comparant à d'autres formes. La philologie peut donc être spéciale, particulière à un seul idiome. Mais lorsqu'il s'agit d'étudier les éléments constitutifs d'une langue et sa structure, il faut déjà connaître la phonétique et la structure d'un certain nombre d'idiomes. Répétons-le donc une fois encore, les recherches du linguiste sont toujours et essentiellement comparatives, à l'encontre de celle du philologue qui peuvent être toutes spéciales. »

Nous ne voyons guère la différence qu'il y a entre la linguistique et la philologie comparée, c'est-à-dire que la linguistique est de la philologie comparée, cependant la première de ces expressions peut être préférable comme plus nette et plus concise.

Quoiqu'il en soit, voilà la linguistique assez nettement définie, c'est l'étude des manifestations sous toutes les formes du langage articulé, c'est la comparaison générale de tous les idiomes qu'a parlé et

que parle l'humanité... Hé bien! nous le demandons,
le champ n'est-il pas assez vaste, et est-il bien nécessaire d'affaiblir l'autorité de cette science en y
mêlant des questions d'anthropoïdes, c'est-à-dire
d'homme-singe, sur lesquelles un esprit vraiment
scientifique ne peut encore sérieusement se prononcer.

Quand on reproche avec juste raison, à certains
métaphysiciens de soutenir que l'homme est né non
pas seulement avec les facultés propres à se construire un langage, mais encore avec un *parler* tout
fait, il ne faut pas, nous ne saurions trop le répéter,
tomber, comme fait M. Hovelacque, dans l'exagération des hypothèses contraires.

« Schleicher, dit ce linguiste, dans sa rapide,
mais si substantielle notice sur l'importance du langage pour l'histoire naturelle de l'homme, et dans
son écrit non moins remarquable sur la théorie dar-
winienne et la science du langage, a traité de la corrélation de la naissance de l'homme et de l'apparition du langage articulé. « Si c'est le langage qui
fait l'homme, dit-il, nos premiers pères n'ont pas
été réellement hommes: ils ne le sont devenus qu'au
moment où se forma le langage, et cela grâce au
développement du cerveau, grâce au développement
des organes de la parole. » La linguistique, comme

toutes les autres sciences naturelles, nous force à admettre que l'homme puise son origine dans l'évolution des formes inférieures.... Si nous ne pouvons admettre, sans tomber dans des conceptions métaphysiques et puériles, que la faculté du langage articulé ait été, un beau jour, acquise à l'homme sans cause, sans origine, *ex nihilo*, il nous faut bien accepter alors qu'elle est le fruit d'un développement *progressif des organes*. Cela suppose avant l'homme, avant l'être caractérisé par la faculté du langage articulé, *un autre être* en train d'acquérir cette faculté, c'est-à-dire en voie de devenir homme.

« Ainsi que l'enseigne Schleicher, il faut admettre qu'un certain nombre seulement de ces êtres encore dépourvus de la faculté du langage articulé, mais bien près de l'acquérir, la gagnèrent en réalité sous l'influence de conditions heureuses, et dès lors eurent réellement le droit à la dénomination *d'hommes*; mais que par contre un certain nombre d'entre eux, moins favorisés *par les circonstances*, échouèrent dans leur développement et tombèrent dans la *métamorphose régressive*. Nous aurions à reconnaître leurs restes dans les anthropomorphes, gorilles, chimpanzés, orangs, gibbons. »

Comme on le voit, nous sommes encore en présence du procédé que nous avons déjà signalé.

L'homme n'est homme que par le langage.

Or nos premiers pères ne parlaient pas.

Donc nos premiers pères furent les chimpanzés...

C'est tout à fait la dialectique d'Aristote.

La nature de tous les corps pesants est de tendre au centre de l'univers.

Or, tous les corps pesants tendent au centre de la terre.

Donc le centre de la terre est le centre de l'univers.

C'est toujours ce qu'il faut démontrer qu'on considère comme prouvé.

Les linguistes de cette école ne devraient point tant médire de la vieille scholastique, et les formules surannées ne leur sont point aussi étrangères qu'ils voudraient le faire croire.

Ils sont aussi faciles à l'hypothèse, et aussi affirmatifs que leurs devanciers. De tous temps l'intolérance scientifique a conduit aux mêmes procédés. Comment trouvez-vous, par exemple, cette théorie sur les *transformations progressives* et les *métamorphoses régressives*.

Cela demande quelques explications.

Dans la donnée des disciples de Schleicher, les gorilles, orang-outangs et autres mammifères, *sous l'influence de conditions heureuses*, gagnent la faculté du langage articulé et deviennent hommes.

Les auteurs de cette légende sentent parfaitement qu'on va leur dire : ·

Cela est bien, mais alors, montrez-nous donc quelques-uns de ces gorilles et chimpanzés en train de conquérir le langage articulé.

Et d'avance ils répondent :

— Il n'y en a plus.

— Comment cela ?

— Ils ont été *moins favorisés par les circonstances,* échouèrent dans leur développement, et tombèrent dans la métamorphose régressive... En d'autres termes, ils ont fait un ou plusieurs pas en arrière. Les gorilles et les gibbons sont des candidats malheureux à l'humanité, des aspirants qui n'ont *pas été favorisés par les circonstances.*

Ces influences *de conditions heureuses,*

Et ces *circonstances défavorables,*

Qui font monter et descendre les singes sur l'échelle, et dispensent leurs inventeurs de tout autre argument, en même temps qu'ils les tirent de l'embarras où il seraient, de montrer le chimpanzé moral et pudique en train de conquérir le langage articulé, sont vraiment une merveilleuse trouvaille!

Et c'est la linguistique qui dit cela.

Oui, c'est la linguistique qui enseigne toutes ces belles choses, répondent en chœur les disciples franco-allemands de Schleicher. N'est-ce pas le cas

de répondre comme M. Jourdain. Oh! la belle chose
que la linguistique !

Une dernière citation pour bien montrer que nous
n'exagérons rien. Nous l'empruntons au même linguiste, qui résume les opinions des Schleicher, des
Curtius, des Kuhn et des Spiegel.

« Il faut donc reconnaître, en définitive, que cette
caractéristique de l'homme, *la faculté du langage articulé* est purement relative. Nous découvrons son origine et ses rudiments; nous comprenons que nos
pères ne l'ont acquise que par degrés, dans le com-
bat pour le progrès, d'où ils devaient sortir victorieux. Ici en un mot, ici encore les zélateurs du prétendu règne humain en sont pour leurs dépenses de
sentimentalisme et de métaphysique.

« Mais pour être relative, cette faculté n'en est
pas moins particulière, spéciale à l'homme, et au de-
meurant, c'est grâce à elle seule que le premier des
primates peut porter ce nom d'homme qu'il a gagné
à travers des milliers de siècles au prix de luttes
incessantes. »

Il nous semble qu'on ne saurait être plus clair.

Le premier des *primates*, c'est-à-dire le singe, a
fait la conquête du langage articulé, et c'est *grâce à
elle seule* qu'il peut porter le nom d'homme.

Puisque c'est *grâce à elle seule...* ce n'est donc pas la raison avec son cortège d'admirables facultés qui nous distingue de la brute...

La raison est remplacée par la phonétique.

Nous en voulons dire un autre point qui nous empêche de goûter à leur valeur, des théories tout au moins des plus hypothétiques dans l'état actuel de la science, et qui néanmoins sont affirmées d'un ton doctoral légèrement nuancé de dédain, pour qui ne s'agenouille pas d'ores et déjà devant elles.

Toutes ces belles choses qu'on nous donne comme conceptions nouvelles, ne sont que la rénovation déguisée de vieux systèmes orientaux, qui pendant des milliers d'années, ont fait partie des mystères des initiés et ont traîné dans les pagodes d'Ellora et d'Elephanta, dans les temples de Memphis et d'Ephèse.

La doctrine *des transformations progressives,*

Et *des métamorphoses régressives,*

Par laquelle l'animal *sous l'influence de conditions heureuses* arrive à la dignité d'homme, et quand il est sous l'empire *de circonstances défavorables,* échoue dans son développement et retourne de plusieurs degrés en arrière... n'est autre que la doctrine de la métempsychose ou transmigration progressive, qui prend l'embryon vital dans la goutte d'eau, dans la plante, lui fait parcourir toute l'échelle des êtres jusqu'à l'homme, et le fait redescendre aussi, dans des degrés inférieurs lorsqu'il ne parvient pas à s'assimiler les facultés nécessaires à une existence plus élevée.

A une époque où toute science n'existait ni en dehors du temple, ni en dehors du prêtre, la doctrine sur les transmigrations vitales, avait été mise sous l'égide de l'idée religieuse, comme les règles d'hygiènes, comme les lois civiles et criminelles, comme tout ce qui constituait la vie sociale de l'époque : mais peu nous importe que le savant ancien prêche dans le temple, que le savant moderne enseigne dans le livre la doctrine *des transformations progressives et des métamorphoses régressives*, nous ne nous laisserons pas prendre à ce rajeunissement de vieilles choses et de vieux mots, que les cerveaux allemands excellent à déguiser sous des formules nouvelles, et quand il aura la prétention, comme en l'état, de servir de base à la constitution d'une *science exacte*, nous le prierons de nous donner des preuves plus *scientifiques* que le passé n'en a données, plus *scientifiques* que le présent n'en a encore trouvées....

Et si on nous répond par des affirmations dans le genre de celle-ci : « Le premier des primates, le gorille a mérité le nom d'homme, en conquérant le langage articulé. »

Nous renverrons cela dans le stock général des

choses à étudier, et nous demanderons pour l'établissement d'une science aussi sérieuse que la linguistique, des bases plus solides que ces épaisses légèretés germaniques.

Il y a plusieurs milliers d'années que le vieux Manou a dit :

« ..... l'eau tombe du ciel sur la terre en pluie, de la pluie naissent les végétaux et des végétaux les animaux.

Liv. III.

« Par des particules subtiles douées de forces d'agrégation et de transformation, unies au principe de volonté, ont été formés tous les êtres de ce monde périssable émané de l'impérissable.

« Chacun de ces êtres acquiert la qualité de celui qui précède, de sorte que plus un être est éloigné dans la série, et plus il a de qualités.

Liv. Ier.

Toute la théorie du transformisme tient dans ces quelques lignes, que Darwin pourrait mettre en épigraphe en tête de sa doctrine. On ne se douterait guère qu'elles ont été écrites, par le plus ancien législateur dont l'humanité ait gardé le souvenir. Et comme depuis plusieurs milliers d'années, on a vu bien des espèces disparaître, et qu'on n'en a surpris aucune en train de se transformer, [qu'on ne s'étonne donc pas si, tout en ne repoussant point la théorie, en tant qu'hypothèse [à étudier et à léguer aux siècles futurs pour la vérifier, pour l'heure présente et sur le terrain des sciences exactes, nous répétons: des preuves.... des preuves.

Et la linguistique doit être une science exacte !

Doit-elle être aussi une science naturelle ?

A cela les linguistes de l'école allemande répondent oui, et ils appellent les physiologistes à leur secours.

M. Broca résume de la manière suivante, tout ce qui peut-être dit sur la question :

« L'exercice de la faculté du langage articulé est subordonnée à l'intégrité d'une partie très-circonscrite des hémisphères cérébraux et plus spécialement de l'hémisphère gauche. Cette partie est située sur le bord supérieur de la scissure de Sylvius, vis-à-vis l'insula de Reil, et occupe la moitié postérieure, probablement même le tiers postérieur seulement de la troisième circonvolution frontale... L'hémisphère gauche, qui tient sous sa dépendance le mouvement des membres droits est donc plus précoce dans son développement que l'hémisphère opposé. On comprend ainsi pourquoi, dès les premiers temps de la vie, le jeune enfant se sert de préférence des membres dont l'innervation est alors la plus parfaite, pourquoi, en d'autres termes, il devient *droitier*. Le membre supérieur droit, étant à l'origine plus fort et plus adroit que le gauche est appelé par cela même à fonctionner plus souvent, et il acquiert dès lors une supériorité de force et d'adresse qui ne fait que s'accroître avec l'âge. Jusqu'ici j'ai appelé *droitiers* ceux qui se servent de préférence de la main droite, et gauchers, ceux qui se servent de préférence de la main gauche. Ces expressions sont tirées de la manifestation extérieure du phénomène; mais si nous considérons le phénomène par rapport au cerveau, et non par rapport à ses agents mécaniques, nous dirons que la plus part des hommes sont naturellement gauchers du cerveau, et que par exception quelques-uns d'entre-eux, ceux qu'on appelle gauchers, sont au contraire droitiers du cerveau... Ce n'est ni dans les muscles, ni dans les nerfs moteurs, ni dans les organes cérébraux moteurs, tels que les couches optiques ou les corps striés, que gît le phénomène essentiel du langage articulé. Si l'on n'avait rien de plus que ces organes, on ne parlerait pas. Ils exis-

tent quelquefois parfaitement sains et parfaitement conservés, chez des individus devenus complétement aphémiques, ou chez des idiofs qui
n'ont jamais pu, ni apprendre ni comprendre aucun
langage. Ce langage articulé dépend donc de la
partie de l'éncéphale qui est affectée aux phénomènes intellectuels, et dont les organes cérébro-mo-
teurs ne sont en quelque sorte que les ministres.
Or cette fonction de l'ordre intellectuel, qui domine
la partie dynamique aussi bien que la partie méca-
nique de l'articulation, paraît être l'apanage à peu
près constant des circonvolutions de l'hémisphère,
gauche, puisque les lésions qui produisent l'aphémie,
occupent à peu près constamment cet hémisphère.
Cela revient à dire que pour le langage : *nous
sommes gauchers du cerveau*, nous parlons avec l'hémisphère gauche, c'est une habitude que nous prenons
dès notre première enfance.

« De toutes les choses que nous sommes obligés
d'apprendre, le langage articulé est peut-être la
plus difficile. Nos autres facultés, nos autres actions
existent au moins à l'état rudimentaire chez les
animaux ; mais quoique ceux-ci aient certainement
des idées, et quoi qu'ils sachent se les communiquer
par un véritable langage, le langage articulé est
au-dessus de leur portée. C'est cette chose complexe
et difficile que l'enfant doit apprendre à l'âge le plus

tendre, et il y parvient à la suite de longs tâtonne-
ments, et d'un travail cérébral de l'ordre le plus
compliqué. Eh bien ! ce travail cérébral, on le lui impose à une époque très-rapprochée de ces périodes
embryonaires où le développement de l'hémisphère
gauche est en avance sur celui de l'hémisphère droit.
Dès lors il ne répugne pas d'admettre que l'hémisphère cérébral le plus développé, le plus précoce,
soit plus tôt que l'autre en état de diriger l'exécu-
tion et la coordination des actes à la fois intellectuels et musculaires, qui constitue le langage
articulé.

« Ainsi naît l'habitude de parler avec l'hémisphère gauche, et cette habitude finit par faire si
bien partie de notre nature, que lorsque nous
sommes privés des fonctions de cet hémisphère, nous
perdons la faculté de nous faire comprendre par la
parole. Cela ne veut pas dire que l'hémisphère
gauche soit le siége exclusif de la faculté générale
du langage, qui consiste à établir une relation déterminée entre une idée et un signe, ni même de la
faculté spéciale du langage articulé qui consiste à
établir une relation déterminée entre une idée et un
mot articulé; l'hémisphère droit n'est pas plus
étranger que le gauche à cette faculté spéciale, et ce
qui le prouve, c'est que l'individu rendu aphémique
par une lésion profonde et étendue de l'hémisphère

gauche, n'est privé en général que de la faculté de
reproduire lui-même les sons articulés du langage ;
il continue à comprendre les rapports des idées
avec les mots. En d'autres termes la faculté de concevoir ces rapports appartient à la fois aux deux
hémisphères qui peuvent en cas de maladie se
suppléer réciproquement, mais, la faculté de les
exprimer par des mouvements coordonnées dont la
pratique ne s'acquiert qu'à la suite d'une très-
longue habitude, paraît n'appartenir qu'à un seul
hémisphère, qui est presque toujours l'hémisphère
gauche.

« Maintenant, de même qu'il y a des individus
gauchers, chez lesquels la prééminence native des
forces motrices de l'hémisphère droit, donne une
prééminence naturelle et incorrigible aux fonctions
de la main gauche, de même on conçoit qu'il puisse
y avoir un certain nombre d'individus chez lesquels
la prééminence native des circonvolutions de
l'hémisphère droit renversera l'ordre des phénomènes que je viens d'indiquer ; chez lesquels dès
lors la faculté de coordonner les mouvements du
langage articulé deviendra par suite d'une habitude
contractée dès la première enfance l'apanage défi-
nitif de l'hémisphère droit.

« Ces individus exceptionnels seront par rapport
au langage, comparables à ce que sont les gauchers

par rapport aux fonctions de la main, les uns et les autres seront droitiers du cerveau.... L'existence d'un petit nombre d'individus qui par exception parleraient avec l'hémisphère droit expliquerait très-bien, les cas exceptionnels ou l'aphémie est la conséquence d'une lésion de cet hémisphère. Il suit de ce qui précède qu'un sujet chez lequel la troisième circonvolution frontale gauche, siége ordinaire du langage articulé, serait atrophiée depuis sa naissance apprendrait à parler et parlerait avec la troisième circonvolution frontale droite, comme l'enfant venu au monde sans la main droite devient aussi habile avec la main gauche qu'on l'est ordinairement avec l'autre main. »

M. Hovelacque qui s'appuie sur l'autorité de M. Broca ajoute :

« A cette citation qui résume la situation de la question, nous n'avons qu'une remarque à joindre, c'est que les observations recueillies jusqu'à ce jour, et dont le nombre est significatif, viennent toutes confirmer cette doctrine de localisation. *Ce fait capital dit à lui seul plus que tous les autres, lorsqu'il s'agit de démontrer que l'étude du langage articulé relève de l'histoire naturelle.*

Cette opinion de l'auteur que nous citons parce

qu'il a résumé clairement toutes les questions
d'écoles, est du reste celle de tous les linguistes
allemands.

Nous avouons ne pas bien comprendre comment
la doctrine de la localisation suffit à démontrer que
la linguistique doit-être une science naturelle.

Est-ce que tous les phénomènes de la vie humaine
ne sont pas obligés de se localiser d'abord dans une
portion quelconque du cerveau, avant de se produire
au dehors par un acte *naturel, son* ou mouvement...
A ce compte il n'est pas une science qui ne mérite
le nom de naturelle, fût-ce même celle des mathématiques, car il n'en est pas une seule dont les connaissances et la pratique puissent survivre à telle ou
telle altération du cerveau.

Tout ce que nous faisons, pensée ou action, part
du cerveau, et parce qu'un physiologiste localise
dans telle ou telle partie du directeur suprême, un
genre spécial de fonctions, ce n'est pas une raison
pour affirmer que l'étude qui en naîtra, constituera
une science naturelle.

Ici c'est encore le bout de l'oreille qui perce.

Cette école de linguistes ne veut pas se borner
simplement à être rationnelle et sceptique, d'avance
elle ne veut pas tenir pour exacts tous les faits
qu'elle pourra rencontrer ; elle part en guerre matérialiste pure, a ses doctrines toutes faites, ne sortira

pas de la règle qu'elle s'impose et en constatant des faits, les fera plier sous la loi devant laquelle elle s'incline elle-même avec un religieux respect. Et dès lors elle ne laissera rien glisser dans son langage qui fasse supposer qu'elle puisse admettre, même à titre d'hypothèse, que l'intellect humain n'est point pure matière... a-t-elle raison, ce n'est point notre affaire, nous dirons même que cela nous est complétement indifférent... La seule chose que nous ne voulions pas admettre, c'est que spiritualistes ou matérialistes, ces deux éternels frères ennemis, viennent à propos de linguistique, c'est-à-dire d'une science qui étudie des faits exacts, se jeter mutuellement à la tête leur dieu-esprit et leur dieu-matière, et traiter leurs mutuelles théories de fatras vide et inepte [1].

Aussi intolérants l'un que l'autre, ils sont prêtres tous deux de deux cultes différents, et toujours aussi prêts l'un que l'autre à insulter quiconque ne partage pas leurs idées.

Déchirez-vous tant que vous voudrez sur le terrain de la philosophie, mais quand vous voulez nous faire de la linguistique.... pour Dieu, faites-nous de la linguistique, il n'y a pas un terrain plus neutre que celui là, et laissez nous croire tout ce qu'il nous plaira sur ces insolubles problèmes qu'un esprit

---

1. Hovelacque : *Linguistique*, p. 13.

vraiment scientifique ne cherchera jamais à résoudre. Qu'est-ce que nous fait à nous à propos de langage, votre *unité cosmique de la matière* [1] *qui renferme en elle toutes les formes existantes,* toutes les forces de modification, et pensez-vous donc que nous trouvions que ce dieu nouveau a mieux fait sa preuve devant la science que l'ancien, que vous croyez avoir détrôné. La science, quelle qu'elle soit, est l'étude positive des faits existants, et le travail est déjà assez ardu par lui-même, sans qu'il soit besoin de l'encombrer de ces stériles et interminables disputes qui firent la joie de la scholastique...

A notre sens, la linguistique doit être l'étude comparative et philosophique des langues.

Elle est une science naturelle et ressort de la physiologie quand elle étudie les lois purement phoniques qui président à la formation des sons.

Elle devient philosophique quand elle étudie les rapports que l'esprit établit entre le son et l'idée, quand elle s'occupe de l'origine des formes grammaticales, des racines, des étymologies, des ressemblances et des différences qui existent entre les langues.

Enfin elle devient historique quand elle suit la marche des langues, leur développement, de l'en-

---

1. Hovelacque : *Linguistique*, p. 257.

fance à la décrépitude, et qu'elle les classe d'après leur filiation.

Maintenant, sans s'égarer dans le dédale des discussions d'école, que doit-on dire de l'origine du langage, et quel est le principe qui doit dominer la linguistique ?

L'homme tel que nous le connaissons, tel que nous pouvons l'étudier, possède toutes les facultés nécessaires à la formation d'un langage, d'un autre côté, l'étude historique nous montre que les langues naissent, croissent et dépérissent.

Ces deux faits dont la preuve est scientifiquement faite, nous permettent d'affirmer que l'homme a construit lui-même son langage... et ceci admis, la science se peut constituer sans rêveries, sans hypothèses...

Sans imaginer un créateur d'une langue primitive... Dieu, sans chercher un précurseur inférieur... le singe.

Tels sont les principes qui vont nous guider dans nos propres études.

Les Allemands se font généralement honneur d'avoir posé les premiers, les bases de l'étude naturelle et philosophique des langues. La France, facile comme toujours à l'admiration étrangère, ne songe pas à revendiquer l'héritage d'un de ses plus illustres enfants.

Patient et chercheur, l'Allemand est toujours à l'affût d'une idée... dès qu'il en a trouvé une à sa convenance, il commence par la démarquer, puis il la creuse, la noie dans les flots de compilations érudites, et la met au jour de nouveau en revendiquant l'entière paternité de l'œuvre.

C'est ce qu'a très-bien indiqué le savant professeur M. de Rosny dans son discours de rentrée, de la société d'ethnographie dont il était président.

(*Séance du* 8 *décembre* 1873).

« On commence à nous emprunter nos idées, de tous côtés, *sans nous citer bien entendu* ; et j'apprenais dernièrement que la théorie que vous professez depuis dix ans de la science ethnographique, venait de nous arriver d'Allemagne, à la grande satisfaction des admirateurs de la science germanique ; moi aussi, j'admire l'érudition germanique, mais je ne crois pas précisément que nous ayons à gagner en changeant notre manière de faire de la science contre celle de nos voisins les Allemands. *En tous cas, je proteste énergiquement contre l'attitude des savants français,* qui ne savent accueillir que par la conspiration du silence, les découvertes de leurs compagnons non titrés, et qui viennent ensuite battre la caisse pour annoncer ces mêmes découvertes, quand elles reviennent en France sous une fausse étiquette, et par un canal étranger. »

C'est à Volney, n'en déplaise aux germanophiles, que revient l'honneur d'avoir posé nettement les principes de la linguistique moderne.

On ne lira pas sans étonnement les lignes suivantes, que Schleicher et autres n'ont fait que paraphraser *sans crier gare.*

« J'appelle étude philosophique des langues, toute recherche impartiale tendant à connaître ce qui concerne les langues en général, à expliquer comment elles *naissent et se forment,* comment elles *s'établissent, s'accroissent, s'altèrent et persistent ; à montrer leurs affinités, ou leurs différences, leur filiation,* l'origine même de cette admirable faculté de parler, c'est-à-dire de manifester les idées de l'esprit par les sons de la bouche, *sons qui à leur tour deviennent à titre d'éléments, un sujet digne de méditation.*

« Une conséquence nouvelle et importante, est que désormais il est prouvé que l'homme seul, par ses moyens naturels, a pu, a dû inventer plusieurs langues. Cette vérité résulte des différences tranchantes remarquées entre divers systèmes grammaticaux dont quelques-uns sont vraiment bizarres. Les savants philologues s'accordent à reconnaître une foule d'idiomes originaux ou langues mortes ; or il suffit qu'une seule langue soit d'invention humaine, pour conclure que toutes peuvent l'être : dès lors disparaît le besoin que se fit l'ignorance des premiers raisonneurs en ce genre, d'appeler les dieux, les génies à l'éducation primitive de l'homme et à la suggestion de son langage. Expliquer ce qu'on ne connaît point par des moyens encore plus inconcevables est un procédé par trop bizarre ; imaginer que l'homme puisse réciter subitement des mots dont il n'a ni l'habitude ni le besoin, et qui seraient le signe d'idées qui ne sont pas nées, c'est une autre contradiction qui caractérise et leurs inventeurs et leurs disciples.

« Du reste, la création naturelle des langues ne doit point alarmer ceux qui veulent absolument que toutes les races humaines soient issues d'un seul couple primitif : J'avoue que je n'entends pas mieux l'apparition naturelle d'un premier couple que de plusieurs; mais comme je ne vois aucune utilité morale et scientifique à l'une et à l'autre hypothèse, je demande la permission de rester indifférent. »

(Comme on le voit, Volney n'envisage que la linguistique, et reste rationnellement sceptique en face de toute croyance).

« Seulement je remarque qu'en admettant un seul couple primitif, il a pu arriver par la suite que quelque couple de sourds et de muets ait vécu isolé, et qu'il ait produit une race bien conformée qui aurait été contrainte de se faire une langue. Nier la possibilité de cette invention, c'est prétendre que tout ce qu'on ne conçoit pas ne saurait exister; plus je vieillis moins j'ai cette prétention. Sans sortir du cours des choses naturelles, il me semble que les lois de l'entendement humain suffisent seules à résoudre le problème.

« Dès lors que l'origine du langage est expliqué, toutes ses subséquentes découlent aisément les unes des autres.

« Par exemple, celle de l'accroissement ou extension d'une langue n'offre pas de difficulté réelle : l'on conçoit comment, sur un premier canevas donné, l'esprit humain prolonge de nouvelles lignes dans la direction de celles qui existent; comment, en acquérant des idées nouvelles, il les peint par des mots tirés de la même famille; comment il combine les anciens mots pour en faire de nouveaux. L'étude des étymologies est démonstrative à cet égard; les procédés des enfants le seraient également, si au lieu d'en faire des perroquets, nous les laissions, un peu, raisonner et parler d'eux-mêmes.

« Une seconde question, l'état stationnaire d'une

langue se conçoit facilement. En effet, qu'un peuple
vive isolé, qu'il ait acquis une somme d'idées suffi-
santes à ses besoins et à ses habitudes ; que par la
nature de son gouvernement il ne puisse étendre
la sphère de ses connaissances : Chez un tel peuple,
la langue peut subsister des siècles sans avancer ni
reculer ; j'en fournirai des exemples au besoin. Cet
état stationnaire et limité est bien plus répandu qu'on
ne pense ; il a lieu chez presque tous les peuples
montagnards, chez les peuples pasteurs, s'ils peuvent
se préserver des guerres externes ; enfin chez les
nations même civilisées, et cela dans les classes et
professions où le temps de l'homme et de la famille
est absorbé par les soins de la subsistance ; ces classes
ne connaissent de la langue nationale que la portion qui leur est nécessaire : Amenez un paysan, un
ouvrier dans nos assemblées scientifiques, vous
verrez combien de mots ils ne comprennent pas ;
faites-les suivre un raisonnement ou une narration,
vous verrez qu'ils n'ont pas l'usage de plusieurs
modes et temps de nos verbes.

« On se fait une illusion lorsqu'on parle des nations comme de corps sociaux homogènes à la manière des corps physiques. Elles ne sont que des
confédérations d'intelligences différentes qui, sous
le nom de riches, de pauvres, de prolétaires, de propriétaires, d'oisifs, de laborieux, ont des sphères

d'idées différentes et par conséquent des diction-
naires de mots très-différents.

« Une troisième question, celle de l'altération
d'une langue, peut être divisée en deux branches.

« L'altération par le mélange des mots étrangers,
c'est l'effet des guerres, des invasions, du commerce.

« Ce mal vient de l'extérieur.

« Et l'altération par l'amaigrissement, l'appau-
vrissement, c'est-à-dire par l'oubli et le non emploi
des expressions et des tournures élégantes, par l'introduction de termes et de tournures triviales, de
mauvais goût, de peu de justesse.

Ce mal vient de l'intérieur.

« L'altération par mots étrangers, effet des invasions, des conquêtes, des relations commerciales,
est trop claire pour s'y arrêter : elle est plus ou
moins grande selon l'affinité ou la dissemblance des
deux langues qui se mêlent ; elle devient totale si
leur construction grammaticale est diverse, c'est-à-
dire si l'exposition des idées marche dans un ordre
différent. Ce cas amène des décompositions du langage existant, d'où sort un langage nouveau mixte
de ceux qui précèdent..... »

Comme on le voit, bien avant l'école allemande
contemporaine, bien avant Schleicher, Curtius,

Kuhn, Spiegel, Hæckel, — Volney avait posé en principe que la philosophie comparée ou linguistique,
doit être une science naturelle et philosophique tout
à la fois, que l'homme est apte à se former lui-même
son parler, et que les langues, comme les individus,
naissent, s'accroissent, s'altèrent et périssent. Rendons donc à Volney ce qui n'appartient pas aux
Allemands. On a pu voir également qu'avec un véritable scepticisme plein de tolérance, le linguiste
français, qu'on ne peut pas cependant dans ses
autres études, accuser d'avoir été tendre aux croyances sentimentales et métaphysiques, n'entend pas
se servir de la philologie comparée, pour combattre
ou élever sur le pavois telle ou telle doctrine naturaliste ou anthropologique.

Il demande qu'on lui permette de rester indifférent.

C'est également le seul rôle auquel nous préten-
dions aujourd'hui.

Les linguistes de l'école dont nous nous occupons,
sortent encore des droits que leur attribuent leurs
études spéciales lorsqu'ils concluent de la diversité
des langages, à la diversité des races humaines.

Ce n'est pas que cette opinion ne puisse être vraie
pour telle ou telles races en particulier, mais en présence de faits ethnographiques indiscutables, qui la
contredisent sur plus d'un point, elle n'a pas con-

quis le droit de s'énoncer à titre de proposition générale.

Un de ces linguistes, M. Chavée, homme d'une
profonde et indiscutable science, nous pourrions
même dire, le plus savant et le plus vigoureusement
logique des linguistes actuels, a le tort, comme ses
devanciers, selon nous, de sortir de la science spéciale où sans conteste il trône en maître et de se
laisser tenter par des conclusions ethnographiques
que la linguistique pure ne donne pas, nous l'avons
dit, le droit de généraliser.

Il formule ainsi son opinion :

« Deux langues radicalement diverses, supposent
nécessairement deux variétés primitives de l'organisation cérébrale propre à notre espèce ; donc tous
les peuples parlant des langues radicalement diverses appartiennent à des races différentes. »

C'est toujours le *quod erat demonstrandum*, que l'on
considère comme démontré.

Il faudrait d'abord nous prouver que le cerveau
humain sous des influences diverses, de milieux,
de climats et de nourriture, ne peut être apte à
construire deux langues radicalement diverses.
Cette preuve n'étant point rapportée, les prémisses
ci-dessus n'ont rien d'exactement scientifique, et

n'acquièrent aucune valeur d'une affirmation personnelle. Bien plus, elles sont en contradiction manifeste avec la physiologie, qui, par exemple, est incapable de rencontrer aucune différence entre l'organisation cérébrale d'un Indou et celle d'un Juif, et cependant le sanscrit et l'hébreu sont deux langues radicalement diverses.

Dira-t-on que cette variété cérébrale disparue aujourd'hui n'a existé que dans le principe.

Qui donc alors a pu la constater dans le passé ?

« Quand deux langues, poursuit M. Chavée, peuvent-elles être scientifiquement tenues pour deux créations radicalement séparées ? Premièrement : quand leurs mots simples ou irréductibles à des des formes antérieures n'offrent absolument rien de commun, soit dans leurs étoffes sonores, soit dans leur constitution syllabique. Secondement : quand les lois qui président aux premières combinaisons de ces mots simples, diffèrent absolument dans les deux systèmes comparés. »

Fort bien, constatez cela pour les langues, mais qu'est-ce que cela prouve en anthropologie, tant que vous n'aurez pas fait cette preuve que nous vous demandions plus haut, c'est que le cerveau humain, sous des influences différentes de temps, de lieu, de climat, etc... ne peut pas construire deux langues radicalement diverses.

Un exemple prouvera le danger de ces affirmations *à priori*. Supposez pour un instant, qu'Indo-Européens et Sémites aient disparu depuis des siècles de la scène du monde, que nous ne sachions rien de leur langage, et que la langue grecque seule nous ait conservé à titre de traditions, quelques-unes de leurs conceptions religieuses et philosophiques, qui au fond ont été les mêmes.

Dans un autre ordre d'idées nous pourrions imiter votre raisonnement et nous dirions :

« Deux peuples qui possèdent des conceptions intellectuelles identiques, ont dû nécessairement les exprimer de la même manière, donc les Indo-Européens et les Sémites qui ont eu des conceptions identiques, ont dû parler le même langage. »

Ce raisonnement on le sait, serait absolument forcé... le vôtre qui procède par les mêmes moyens est-il exact, vous aurez beau l'affirmer, vous ne pourrez pas nous le prouver.

A propos des langues de création séparées, qui supposent des variétés cérébrales différentes, M. Hovelacque, qui s'en réfère à la même autorité, ne manque pas une fois de plus, de placer son singe.

« C'est le cas, dit-il, des langues sémitiques et des langues indo-européennes, c'est le cas d'un nombre considérable de systèmes linguistiques. La conséquence de ce fait est grande : si c'est la faculté du langage articulé qui est le propre, et la seule caractéristique de l'homme, ainsi que nous l'avons dit dans notre chapitre second, et si les différents systèmes linguistiques que nous connaissons, sont irréductibles, ils ont pris naissance isolément en des régions bien distinctes ; il en résulte que le précurseur de l'homme, *le primate* en voie d'acquérir la faculté du langage articulé, a gagné cette faculté en différents lieux à la fois, et a donné naissance ainsi à plusieurs races humaines originellement distinctes. »

C'est-à-dire pour les deux systèmes de langages qui nous occupent, qu'il y a eu deux primates, c'est-à-dire deux singes en train de conquérir la dignité d'hommes par le langage :

Le singe indo-européen,

Et le singe sémitique,

Risum teneatis...

Encore une fois la question de l'homme-singe nous est parfaitement indifférente, nous serions même enchanté de la voir résolue scientifiquement dans le sens de l'affirmative... mais, alors que l'anthropologie ne s'avance qu'en hésitant, sur un aussi grave sujet, étudiant, cherchant des preuves, qu'elle n'a pas encore rencontrées, on ne peut voir trancher la question avec cette assurance doctorale, qui ne ménage pas la verge aux adversaires, sans qu'entre deux étonnements ne s'échappe un sourire.

Plus modeste et plus logique est l'illustre général Faidherbe, un savant, en même temps qu'un des rares hommes qui aient su défendre la France en 1870. Rencontrant sous sa plume, dans son *Essai sur la langue Poule*, ces théories du gorille et du chimpanzé précurseurs de l'homme, il traite tout cela d'affaire de mots et de convention pure, et abordant de suite le vrai côté de la question, déclare que « la seule chose importante, c'est de savoir si chez cet être, qu'on l'appelle homme ou non, le langage a pris naissance sur un seul point, en une seule fois, ou bien d'une manière multiple sous le rapport des lieux et des temps. »

M. Faidherbe se déclare partisan de la seconde *hypothèse*, posée ainsi et non comme émanée d'une doctrine indiscutable, la question reste scientifique, et nous ne faisons nulle difficulté de reconnaître, que le langage a pu être créé dans des temps et des lieux différents, et par des races d'hommes différentes; mais il y a loin de cette proposition, qui a pour elle les plus grandes présomptions de vérité, *à l'affirmation quand même* que des populations parlant des langues *radicalement* différentes, ne peuvent pas descendre de la même souche.

Les divisions de castes, l'esclavage et les proscriptions en masse ont eu dans l'antiquité, sur la formation et les évolutions des langues, une influence que nous ne pouvons guère étudier aujourd'hui.

Constatons avant de quitter ce sujet, que M. Hovelacque termine son exposé de linguistique par un véritable chef d'œuvre :

« Nous avons parlé, dit-il, tour à tour de *pluralité* originelle et de *transformation*. Ces deux termes, aux yeux de quelques personnes sembleraient peut-être se contredire ; au fait, il n'en est rien, et ils se concilient sans difficulté.

« La doctrine de la pluralité originelle des langues et des races humaines, n'a pas la prétention de faire échec à la doctrine plus générale de l'*Unité cosmique*. En fin de compte, il faut bien reconnaître toujours que toutes les formes existantes, toutes sans exception, ne sont que les différents aspects de la *matière qui est une comme elle est infinie*. Mais cette unité n'empêche en aucune façon que telles ou telles formes identiques, analogues si l'on veut, ne se soient développées simultanément en des centres différents, et qu'il soit impossible de les ramener directement sans intermédiaires à une forme commune. Le même précurseur (toujours le primate) a-t-il donné naissance à ces formes analogues mais distinctes, le fait est possible, mais nous ne sommes pas en mesure de le vérifier. »

Nous ne nous serions guère attendu à une pareille conclusion.

L'auteur, après avoir affirmé avec énergie, la doctrine de la pluralité originelle des langues et des races humaines, et versé à chaque pas pendant plus de trois cents pages, des flots d'ironie mordante sur ses adversaires, les chevaliers fidèles du sentimentalisme et de la métaphysique, tout d'un coup se ravise... Il ne voudrait pas blesser son fétiche l'*Unité cosmique, la matière qui est une comme elle est infinie.* Il affirme que la doctrine de la pluralité des langues et des races, ne porte pas atteinte à son unité... Puis tout d'un coup il se pose cette question singulière. Le même précurseur, c'est-à-dire le même primate, le même singe, a-t-il donné naissance à ces formes analogues mais distinctes, des langues et des races?... Et dans son respect *religieux* pour l'unité cosmique, il répond :

Le fait est possible, mais nous ne sommes pas en mesure de le vérifier !

Ainsi, après avoir repoussé la légende du couple

unique, donnant naissance à toutes les races et à
toutes les langues, en tant que cette légende s'applique au premier homme, il est tout prêt à l'admettre si on veut bien l'appliquer au précurseur de
l'homme, c'est-à-dire au gorille ou au chimpanzé...
et il déclare *possible que le même précurseur ait donné
naissance à toutes ces formes analogues, mais distinctes,* de
langues et de races.

Il remplace la question du premier homme,

Par la question du premier singe.

Voilà où conduit l'esprit de parti... Ce n'est pas
là de la science, c'est-à-dire cette étude rationnelle,
tolérante et sceptique, qui débute sans principe arrêté d'avance, sans préjugés, sans parti pris, et ne
constate en somme que ce qui est entouré de telles
preuves, que chacun le tient immédiatement pour
vérité... *pro veritate habetur.*

Il se peut, nous ne nous lasserons pas de le répéter que l'homme ait eu pour précurseur le singe...
Aucun esprit vraiment scientifique n'osera dire que
la preuve en est faite, n'asseoira les origines d'une
science sur cette hypothèse, et surtout ne reconsti-
tuera au profit du gorille ou du chimpanzé précurseurs, la vieille légende que les hiérophantes, les
brahmes, les bonzes, les prêtres de tous les pays
et de tous les temps ont adaptée à l'homme.

La question que nous nous proposons d'étudier dans le présent livre, est celle de savoir, comme notre titre l'indique, si les peuples qu'on est convenu d'appeler Indo-Européens et les Sémites, ne sont pas des rameaux de la même souche, n'appartiennent pas à la même race? En d'autres termes étant admis la doctrine de la pluralité des langues à leur origine, peut-on malgré cela dans la nomenclature des peuples de l'Asie, admettre une branche Indo-Sémitique.

A part M. Hæckel, qui ne fait qu'une seule et même race des Indo-Européens, des Sémites, des Basques et des Caucasiens, qui dit oui, toute l'école linguistique dont nous venons d'étudier les théories, étendant sa doctrine de la linguistique à l'ethnographie, dit non! Parce que des langues radicalement diverses, supposent des organisations cérébrales différentes.

A cela nous avons déjà répondu et nous répondons :

Quand vous aurez conclu arbitrairement que Indo-Européens et Sémites n'ont entre eux aucune communauté d'origine par ces motifs que les racines et les mots de leurs langues ne sont pas construits d'après les mêmes règles... pensez-vous que vous nous aurez enlevé le droit de prouver que les traditions, les mœurs, les coutumes, les lois, les croyances religieuses de ces peuples furent identiques, que tout ce qui constitua leur vie intellectuelle, leur civilisation en un mot, est issu d'une source commune, et de conclure à notre tour par des raisons historiques, géographiques, philosophiques, législatives et religieuses à cette communauté d'origine que vous repoussez par des raisons de linguistique pure... et alors que vous ne pouvez démontrer que le cerveau humain n'a pu concevoir et construire deux langues différentes.

Ou donc avez-vous pris le droit, parce que certains groupes d'hommes emploient des racines invariables, et d'autres des racines à flexions, de prétendre qu'ils sont d'une conformation, d'une origine différentes, et de trancher d'un seul coup, les problèmes les plus graves d'histoire, d'ethnographie et de physiologie.

A vos prétentions, que vous formulez comme un indiscutable axiome, nous allons simplement faire la réponse suivante :

Ne peut-on admettre : que deux langues diverses par les formes du parler, ne laisseraient supposer une variété cérébrale différente, que dans le cas où, à ces différences purement mécaniques, viendraient se joindre des conceptions intellectuelles d'une nature ou d'un ordre différent. Et dans ce cas ne pourrait-on reconnaître que toutes les nations qui

possèdent originairement des conceptions intellectuelles identiques peuvent appartenir à la même
race.

Pour faciliter la solution de ce problème, nous
allons dresser d'abord un tableau général des langues humaines, voir dans cette classification rapide,
quelles sont les difficultés prétendues insurmonta-
bles qui s'opposent au départ de telle ou telle race
d'un berceau commun, puis comparant ensuite les
traditions des Indous et des Sémites, nous verrons,
spécialement pour ces deux groupes importants, si
l'hypothèse des linguistes doit suffire, pour séparer
complétement deux groupes si fortement unis, par
leurs conceptions originaires.

DEUXIÈME PARTIE

LES LANGUES

LE MONOSYLLABISME – L'AGGLUTINATION – LA FLEXION

CLASSIFICATION DES IDIOMES

ETHNOGRAPHIE DES PEUPLES QUI LES PARLENT

DIVISION ET CLASSIFICATION

DES LANGUES

DIVISION MORPHOLOGIQUE DES LANGUES.

Le langage est l'expression de la pensée manifestée par la parole.

L'homme, tel qu'il est, et sans s'occuper de ses
prétendus précurseurs, possède tous les facultés
intellectuelles et toutes les aptitudes physiques, nécessaires à la construction du langage ; l'histoire l'a
vu, du reste, compléter constamment son œuvre, il
n'y a donc pas lieu de chercher au langage un autre
créateur que l'homme lui-même.

Les langues sont les formes diverses que le langage affecte, selon les temps, les lieux, les civilisations et les peuples.

Considérées au point de vue de leurs formes constitutives, les langues peuvent se diviser en trois classes :

1° Les langues monosyllabiques.

Dans cette forme du *parler*, tous les mots sont racines, toutes les racines sont invariables, et le rôle des mots dépend uniquement de leur place dans la construction de la phrase.

2° Les langues agglutinantes.

Dans cette forme, deux racines s'unissent pour composer un mot, l'une reste radicalement invariable, et le rôle de l'autre se réduit à une simple désinence.

3° Les langues organiques, appelées aussi amalgamantes ou à flexion.

Dans ces langues, la racine principale du mot admet l'altération phonique aussi bien que ses désinences.

Quelques linguistes ont imaginé une quatrième classe de langues qu'ils ont appelées :

Langues polysynthétiques.

Et dans lesquelles on ferait rentrer la plupart des dialectes encore mal étudiés de l'Amérique.

Nous devons dire que le nombre des racines qui se réunissent pour composer un mot ne signifiant rien, quant à la forme constitutive de ce mot, cette quatrième division ne correspond à aucune classe

particulière de langues, et dès lors nous semble absolument inutile.

Chaque langue, considérée dans son génie particulier et original, prend le nom d'idiome, principa-
lement quand elle est réfractaire aux emprunts
étrangers.

Les dialectes sont les dérivés d'une langue qui
ont conquis à leur tour leur grammaire et leur littérature propre.

Les patois sont des dialectes en retard de formation ou dégénérés par l'apparition d'une langue commune.

Le grec a eu ses dialectes :

L'ionien, l'attique, le dorien et l'éolien.

Le français a eu le normand, le picard et le
bourguignon.

L'italien a eu le toscan, le roman, le sicilien, le
vénitien.

La plupart des langues anciennes et modernes ont
eu également de nombreux dialectes.

L'allemand est un des plus riches en ce genre.

CHAPITRE II.

CLASSIFICATION DES LANGUES, BASÉE

SUR LEURS AFFINITÉS.

Les travaux des Schlegel, des Burnouf, des Pritchard, des Bopp, Grimm, Benfey, Kuhn, Curtius, Regnier, Renan, Max Muller et Hovelacque permettent de classer les langues, d'après leurs affinités, de la manière suivante, mais sans que cette classification, basée sur leurs formes constitutives, puisse en rien influer sur les questions d'histoire et d'ethnographie qui conservent leur indépendance.

1° Les langues indo-européennes.

2° Les langues sémitiques.

3° Les langues touraniennes (expression fausse à tous les points de vue, et dont nous ne nous servons que pour suivre l'usage).

4° Les langues du groupe siamo-chinois.

Langues indo-européennes

Division méridionale.

1° Les langues indoues.

2° Le samscrit dans ses formes anciennes et modernes, — le pali, — le prakrit.

Les langues néo-indoues.

L'indoustani, — le bengali, le mahratte, etc.

2° Les langues iraniennes.

Zend, — pehlvi, parsi, persan.

Kourde, — arménien.

Division septentrionale.

1° Les langues celtiques.

Le carnique, — le breton, le gallois, l'irlandais, — le gaëlique et le dialecte de l'île de Man.

2° *Les langues grecques :*

Le grec ancien, — dorien, — éolien, — ionien, — attique, — le grec moderne.

3° *Les langues latines :*

L'osque, — le latin, — l'ombrien.

Les langues néo-latines :

L'italien, — le provençal, — le français, — l'espagnol, — le portugais.

Le valaque, — le romanche.

4° Les langues albanaises.

5° *Les langues teutoniques :*

L'ancien haut-allemand, — le moyen haut-allemand, — le bas-allemand.

Langues néo-teutoniques.

L'anglais, — le frison, — le hollandais, — le scandinave, — le danois, — le suédois, — l'irlandais.

6° Les langues slaves, — le celte, — le lithuanien, — le polonais, le bohémien, — le tchèque, — le russe, le serbe, le croate.

Langues sémitiques.

1° *Les langues araméennes :*

Le chaldéen, — le syriaque, — inscriptions cunéiformes, — néo-syriaque.

2° *Langues chananéo-hébraïques :*

L'hébreu, — le samaritain, — le carthaginois et le phénicien.

3° *Les langues arabiques :*

L'arabe, — l'abyssinien.

4° *Les langues chamitiques :*

L'égyptien, — l'éthiopien, — le lybien.

Langues agglutinantes

improprement appelées touraniennes.

Nous donnons cette classification d'après M. Hovelacque, qui nous paraît avoir le mieux résumé les travaux les plus sérieux sur la question.

Le japonais, — le coréen.

Les langues maléo-polynésiennes, — le mélanésien, — le polynésien.

Le malai.

La langue des Papous.

Les langues australiennes.

Les langues africaines.

Le Poul.

Les langues nubiennes.

Les langues du Caucase.

Les langues tamoules et cynghalaises.

Les langues du Beloutchistan.

Les langues basques.

Les langues américaines.

Les langues ouralo-altaïques.— Groupe samoyède. — Groupe finnois. — Groupe turc. — Groupe tongouze. — Groupe mongol.

Les langues de la primitive Chaldée, improprement appelées accadiennes ou touraniennes, quoiqu'imparfaitement étudiées encore, sont rangées parmi les agglutinantes.

Langues siamo-chinoises.

Le chinois. — L'annamite. — Le siamois. — Le birman et le thibétain.

Plusieurs langues ne sont pas suffisamment connues pour être classées dans aucun de ces groupes.
On les désigne sous le nom de langues hyperbo-
réennes, parce qu'elles sont parlées dans les régions
arctiques.

Avant d'exposer notre théorie sur la naissance et
la marche des langues, du monosyllabisme à la
flexion, et d'examiner si réellement ces divers parlers s'opposent à ce que les Indo-Asiatiques, les
Indo-Européens et les Sémites puissent appartenir
à la même race, nous allons indiquer rapidement la
situation actuelle de ces différents idiomes, d'après
les travaux de linguistique les plus récents.

Nous suivrons dans cet exposé très-sommaire qui
n'a que la prétention de constater et non de résoudre
des problèmes particuliers de linguistique, l'ordre
adopté par M. Hovelacque, qui est un guide aussi savant que sûr, toutes les fois qu'il ne se laisse pas aller
en dehors de la linguistique pure, à affirmer l'existence de l'*homme-singe* comme un fait indiscutable,
au lieu de le présenter comme une ingénieuse hypothèse.

Les langues monosyllabiques d'abord,
Les langues agglutinantes ensuite,
Puis les langues à flexion.
Cette marche nous paraît du reste la plus logique,

puisqu'elle semble présenter dans un ordre naturel :

Les langues monosyllabiques, — les langues dans l'enfance.

Les langues agglutinantes, — les langues dans l'adolescence.

Les langues à flexion, — les langues dans l'âge mûr.

En dressant ce catalogue des langues et surtout des peuples qui les ont parlées et les parlent, nous examinerons ce qu'aucun linguiste et ethnographe n'a encore fait, quelles ont été chez chacun de ces peuples :

1º Les traditions génésiques.

2º Les conceptions religieuses et philosophiques.

3º Quel est le niveau artistique et littéraire qu'ils ont atteint.

4º Enfin sous quelle forme de gouvernement ils ont vécu.

Cette étude nous conduira peut être à comprendre comment il se fait que, parmi ces peuples, les uns se sont cantonnés dans le monosyllabisme, les autres dans l'agglutination, tandis que d'autres se sont élevés jusqu'à la flexion.

Par là aussi, nous verrons peut-être également, que la question de la pluralité des races résolue par celle de la pluralité des langues, doit plutôt être prudemment restreinte à quelques groupes, qu'étendue indéfiniment à tous.

Dans la troisième et dernière partie de cet ouvrage nous revendiquerons énergiquement, à l'aide de preuves nombreuses, tirées de leurs traditions communes, un berceau commun pour les Indo-Asiatiques et les Sémites qui appartiennent au groupe le plus élevé des langues qui se sont parlées dans le monde.

Nous verrons que si les radicaux *du parler* spécial de ces peuples sont irréductibles à une forme commune, toutes leurs traditions religieuses, toutes leurs conceptions philosophiques, toutes leurs coutumes, toutes les choses qui constituent enfin la vie de l'homme et d'un peuple, sont, si nous pouvons nous servir de cette expression, réductibles à une forme de civilisation commune.

GROUPE

DES LANGUES MONOSYLLABIQUES

ETHNOGRAPHIE DES PEUPLES QUI LES PARLENT

CHAPITRE PREMIER.

LE CHINOIS.

Le monosyllabisme est la forme la plus rudimen-
toire que puisse affecter le langage.

Tous les idiomes ont passé par cet état, c'est donc
avec juste raison que l'on a pu dire du monosyllabisme qu'il était l'enfance des langues.

Dans cette forme de langage tous les mots sont des
racines, rien n'indique ni le genre, ni le nombre, ni
le temps, ni le mode, ni la personnalité ; le vocable
ne renferme qu'une idée générale souvent très-
vague, la phrase dans son état primitif, n'est qu'une
succession de racines mises bout à bout, qui n'acquièrent une valeur spéciale que par la place qu'elles
occupent dans la construction syntaxique du discours ; elles restent toujours invariables, et c'est uniquement la place qu'on leur assigne, qui en fait des
noms, des verbes, des régimes ou des qualificatifs.

Le rôle des mots pouvant ainsi varier, souvent

même leur signification, on comprend que dans les langues monosyllabiques, la prononciation soit presque aussi importante que la syntaxe.

La langue classique du monosyllabisme est le chinois, parlée aujourd'hui par plus de deux cent millions d'individus. Cet idiome renferme trois dialectes principaux.

1° *Le dialecte des Mandarins*, qui est la langue savante, celle dans laquelle sont publiés les rescrits impériaux, les édits des gouverneurs de province, c'est également la seule employée dans toutes les relations officielles, les examens des lettrés, et dans tous les tribunaux.

2° Le dialecte de Canton dont se servent les populations du sud.

3° Celui du Fou-Kiang à l'usage des populations du nord.

Notre but n'est pas d'étudier toutes les langues en linguiste, et dans cette revue rapide, nous devons nous borner à constater sommairement l'état du parler des différents peuples du globe; comme aussi les renseignements ethnographiques que nous donnerons sur ces derniers, se borneront à de grandes lignes générales, caractéristiques de la race. Trop vaste serait ce travail d'ensemble, s'il devait descendre dans le détail. Nous nous contenterons donc, ainsi que nous l'avons déjà dit, de faire notre étude la plus complète que possible sur certains groupes de langues, les moins connus et sur la civilisation indoue et sémitique.

Les conceptions primitives des Chinois sur la création sont assez vagues, cependant ce que l'on en connaît les rattacherait à celles des Indous de l'époque brahmanique.

La Raison suprême, parfaite dans son essence, qui n'est point à la portée des sens, éternelle, infinie, âme de tous les êtres, habitait dans le vague de l'éther, lorsqu'elle conçut l'univers dans sa pensée.

Après avoir formé le monde par le seul effort de sa volonté, et en donnant un corps solide aux effluves de sa pensée, elle créa plusieurs séries d'esprits pour les habiter.

La terre fut dévolue à l'homme, qui doit passer successivement, en se perfectionnant, dans tous les mondes supérieurs avant d'arriver au séjour de la *Raison suprême.*

La religion primitive des Chinois basée sur ces croyances, recommande le culte des ancêtres et de la famille, elle n'a pas de prêtre, chaque père de famille est chargé d'officier et de prier pour les siens, et à son défaut le fils aîné remplira cette fonction.

L'empereur prie, et offre des sacrifices pour tout son peuple. Cette religion, philosophique au début, et

qui offre de grandes analogies avec les croyances de
l'Inde védique, est celle de l'empereur, des mandarins supérieurs et des lettrés; longtemps simple et
élevée, elle est tombée aujourd'hui dans le pan-
théisme.

Il est à peu près certain que cette croyance fut une
importation de l'Indoustan, car ses adeptes s'occu-
paient surtout de magie et d'astrologie, et l'on sait
que les Brahmes furent de tous les prêtres anciens
les plus versés dans ces sciences occultes.

Ce vieux peuple suit la religion bouddhiste, et
sur ce point l'importation étrangère ne saurait faire
l'ombre d'un doute. On sait que le Bouddhisme
n'est qu'un rameau du Brahmanisme.

Il est à peu près certain qu'un peuple qui dans
l'antiquité recevait d'un autre sa religion, devait
se trouver dans un état bien voisin de l'enfance. A
ces époques reculées, la religion renfermait en elle
toute la science et toutes les formules sociales, et l'on
peut dire que son introduction dans un pays, entraî-
nait avec elle toute une civilisation nouvelle.

La Chine aurait donc reçu de l'Inde sa civilisation
restée stationnaire depuis plusieurs milliers d'années.

Cette conclusion sera peu du goût de certains
ethnographes....., mais qu'on nous cite un seul cas
d'une religion ancienne, envahissant une contrée,

sans y apporter avec elle, sa formule sociale, et la civilisation dont elle était l'expression.

Du reste, n'y a-t-il pas dans ce grand fait historique, que les Chinois n'auraient rien inventé, et auraient tout reçu du dehors, l'explication de leur longue immobilité.

De tout temps, le gouvernement chinois comme ceux de l'Inde a été despotique, les empereurs, il est vrai, ne pouvaient choisir leurs conseillers que parmi la caste des lettrés, mais n'imitaient-ils pas en cela les Rajahs qui eux aussi ne pouvaient prendre leurs ministres, leurs confidents, leurs fonctionnaires, que parmi les Brahmes, ces lettrés des bords du Gange.

L'écriture primitive des Chinois était, pour ainsi dire, une langue à part, elle exprimait moins des sons que des idées... elle était surtout idéographique comme la langue de nos chiffres. Plus tard on y introduisit quelques signes phonétiques.

« La première espèce de caractères [1] ne se compose que d'images, que de vrais dessins ; l'image d'un arbre, d'une montagne, d'un chien. Tantôt on les emploie, indépendants, isolés; tantôt on les accouple pour rendre une idée plus ou moins complexe. C'est ainsi que l'image de l'eau et celle d'un {deuil, si elles sont juxtaposées, rendent l'idée de larmes;

1. Hovelacque : *Linguistique*.

une porte et une oreille donnent l'idée d'entrer ; le soleil et la lune rendent l'idée d'éclat..... Il fut un temps où ces caractères, où ces images éveillaient d'une façon directe, grâce à l'exactitude de leur représentation, la notion qu'ils étaient appelés à rendre, mais peu à peu ces traits naïfs et véridiques perdirent leurs formes originales, et dans les signes qui laissent entendre aujourd'hui les idées de soleil, de lune, de montagne, de chien, on ne retrouve plus de prime abord les images anciennes qui évoquaient de façon directe ces diverses idées. Les caractères de cette première espèce ont été évalués au nombre minimum d'environ deux cents.

« La seconde sorte de caractères est plus compliquée. Elle comporte deux éléments, un élément phonétique et un élément idéographique. Celui-ci a pour mission de déterminer la valeur parfois très-multiple de l'élément phonétique. Ce dernier, s'il est seul représenté, laissera flotter l'esprit du lecteur entre un grand nombre d'homophones ; l'élément idéographique fait cesser cette hésitation, en évoquant une idée déterminée ou du moins une catégorie d'idées. »

Une question se présente ici tout naturellement ?
Pourquoi les Chinois se sont ils cantonnés dans le monosyllabisme, et quelles sont les raisons qui les ont empêchés d'élever leur langage comme une

foule d'autres peuples, jusqu'à l'agglutination ou à la flexion.

Nous nous expliquerons d'une manière plus utile sur ce point quand nous en aurons fini avec le groupe des peuples, dont les langues sont également restées à la même période de formation.

CHAPITRE IV.

LE GROUPE BIRMAN.

Comme les Chinois, les Birmans en sont encore au monosyllabisme.

Toute leur cosmographie génésique n'est qu'un reflet de celle des Indous.

D'après leur système, le temps et l'existence des mondes se partagent en quatre périodes :

Pendant la première, l'Univers naît, se couvre de plantes et d'animaux; c'est la période de vie.

Pendant la seconde, il décroît peu à peu et finit en quelque sorte par s'évaporer.

Pendant la troisième règne le chaos.

Pendant la quatrième, la création recommence son évolution.

Ce sont, comme on le voit, exactement les quatre périodes *de création et de conservation, d'affaiblissement et de destruction, de pralaya ou chaos*, et enfin *de féconda-*

tion nouvelle de Manou, le vieux législateur brahma-nique.

Les deux créations birmane et indoue commencent également par l'eau, dans laquelle la sagesse infinie dépose tous les germes.

Pendant la période de vie, les êtres possèdent soixante-quatre croissances progressives, et ensuite même nombre de décroissances.

Cette période de croissance et de décroissance se nomme a-yan-kat, où époque ou tout augmente et diminue. Soixante-quatre périodes semblables composent un an-ta-ra-kat, après lequel l'univers est détruit, passe par le chaos, et se reconstitue de nouveau.

Soixante-quatre an-ta-ra-kat forment une période quaternaire et quatre de ces derniers forment une évolution complète de la nature appelée Ma-ha-kat.

Au début de chacune des grandes périodes de création, l'Être Suprême se manifeste et crée tous les germes et tous les êtres ; au début de chaque période particulière, un envoyé céleste descend sur la terre pour diriger les hommes dans la voie du bien.

Tout cela, sous une forme plus vulgaire, n'est qu'une copie des vieilles traditions de l'indoustan, qui s'expriment ainsi par la bouche de Manou :

« Après avoir créé l'univers et donné ce code de

lois pour la direction des êtres inanimés, le Maître Souverain qui s'est manifesté dans l'œuf d'or retourne s'absorber dans l'âme universelle, lorsque la fin des transformations créatrices est arrivée.

***

« Dès que Dieu sort de son repos, l'univers recommence son évolution ; dès qu'il se rendort l'univers tombe dans la dissolution.

***

« Tant que dure ce sommeil du germe des germes, qui s'absorbe dans l'âme Suprême, les principes de sensation et d'intelligence, les particules matérielles et celles qui composent l'immatériel se désagrègent et se dissolvent dans l'essence universelle.

***

« Tous les êtres perdent leurs forces d'attraction, leurs formes, leurs fonctions et les organes des sens sont comme s'ils n'existaient pas.

***

« Lorsque le Créateur souverain de nouveau se manifeste, tous les types, toutes les formes qui exis-

tent de toute éternité en lui, reprennent la forme
visible, ét la semence universelle de nouveau répand partout la vie universelle.

★

Ainsi, en s'absorbant dans sa pure essence et en
se manifestant alternativement, le Souverain Maître
révèle à la vie ou jette dans le repos de la dissolution tous les êtres animés ou inanimés de cet univers.

★

Les quatre périodes birmanes, autrement dit le
ma-ha-kat, reçoivent dans l'Inde les noms de :

Crita-youga, tréta-youga, dwapara-youga et kali-
youga. Ils représentent également les quatre âges
admis par les Grecs.

Enfin les Birmans reçurent de l'Inde le bouddhisme ; l'influence des populations des bords du Gange
sur celles de l'Ava est donc de tous points indéniable.

Plusieurs idiomes sont usités en Birmanie ;
celui qui peut, par son développement et sa littérature, être considéré comme la langue nationale, se parle dans l'Ava, le Pegou et le Marta-
ban ; il est monosyllabique et se rapproche assez
du chinois par ses formes *syntaxiques*, mais il en dif-

fère complètement par son écriture qui est alphabétique, et dont la plupart des signes sont empruntés au pali et au sanscrit.

Il possède quarante-quatre lettres, dont onze voyelles, a, â, e, ê, i, î, o, ô, ou, aou, aï.

Les phrases se composent d'une succession de racines qui deviennent substantifs, adjectifs ou verbes, selon leur place dans le discours.

Ainsi, *men* exprime l'idée de justice, et *taba* celle personne. En écrivant men-taba, la phrase signifie homme qui rend la justice.

La prononciation, comme dans le chinois, joue un très-grand rôle, étant donnés les différents sons que peut revêtir une racine.

Ainsi, za signifie également faim et sel. Tha, empêcher et surgir. Chia, tarder et tomber. Chia-a, attendre et tigre.

Les formes des déclinaisons sont remplacées par des suffixes :

Ainsi :

Eine-si, la maison.

Eine-i, de la maison.

Eine-a, à la maison

Eine-go, la maison (accusatif).

Eine-ga, par la maison.

Le pluriel s'indique par le suffixe *do* :

Eine-do, les maisons.

Eine-do-i, des maisons, etc.

Les mots ne diffèrent pas selon les genres : quand on veut exprimer l'idée du féminin, on fait suivre le vocable du suffixe *ma*.

Ainsi :

Choé, chien.

Choé-ma, chienne.

Des suffixes également indiquent le temps de la racine du nom verbe :

Si indique le présent.

Bi, le passé.

Mi, le futur.

To, l'impératif.

La, l'interrogatif.

Lien, le gérondif.

Comme on le voit, il y a une tentative d'agglutination, mais la langue en est restée à des tentatives.

La littérature originale des Birmans n'est point fort riche ; la plupart des ouvrages de science, de religion, de magie et d'astrologie, ne sont que de pures traductions des livres des brahmes.

Le Ramayana indou, sous le nom de Ramazat, est traduit dans tous leurs idiomes.

Voici une de leurs fables qui donnera une idée du genre et de de la morale toute individuelle qu'ils ont l'habitude d'en tirer.

« Deux petits rois étaient en guerre :

Ils recoururent au grand roi de Birmah, et tous deux lui demandèrent son alliance.

Le puissant monarque ayant consulté le sage Aporaza, ce dernier répondit:

Une fois, deux coqs se mirent à se déchirer devant un raïot. Après un long espace de temps, les deux adversaires épuisés ne pouvaient plus s'élancer l'un contre l'autre: alors l'homme des champs courut sur eux et les prit tous deux.

C'est ainsi, ô roi, que tu dois te comporter dans cette circonstance. Laisse ces deux rois se battre entre eux et, quand tu les verras privés de force, précipite-toi sur eux et empare-toi de leurs États. »

Quant à leurs drames et déclamations héroïques ou fabuleuses, l'analyse suivante du Manauhurry, que nous devons à M. Smith, montrera à quel point leurs conceptions de ce genre sont restées enfantines.

« Neuf princesses de la ville d'argent, séparée de la demeure des mortels par une triple barrière, la première de roseaux épineux, la seconde de cuivre en fusion, la troisième de marécages gardés par un Belan ou démon, ceignent leurs ceintures enchantées qui leur donnent le pouvoir de traverser l'air

avec la rapidité d'un oiseau, et visitent une belle
forêt de l'île du Sud (la terre). Pendant qu'elles se
baignent dans un lac, elles sont surprises par un
chasseur qui jette sur la plus jeune d'entre elles son
filet magique et l'emmène chez le jeune prince de
Pyentsa qui, frappé de sa beauté merveilleuse, en
fait sa principale reine, quoiqu'il ait épousé tout
dernièrement la fille de l'astrologue royal.

Le prince est obligé quelque temps après, par ordre du roi son père, de marcher à la tête de l'armée
contre les rebelles. L'astrologue profite de son absence pour expliquer un songe qu'a fait le roi, en
lui persuadant qu'il n'a d'autre moyen d'apaiser le
mauvais génie qui en veut à son pouvoir, que de
lui sacrifier la belle Manauhurry qui a supplanté la
fille de l'astrologue dans l'affection du jeune prince.

La mère de celui-ci ayant appris le danger dont
la bien-aimée de ce fils chéri est menacée, va la trouver et lui rend sa ceinture enchantée, qui avait été
ramassée par le chasseur sur les bords du lac et
présentée par lui à la vieille reine.

La princesse retourne immédiatement à la montagne d'argent, mais en chemin elle s'arrête chez un
saint ermite qui s'est retiré sur le bord de la forêt,
et après lui avoir raconté ses aventures elle lui con-
fie une bague et quelques drogues magiques qui
permettent à celui qui les possède de franchir sans

danger les barrières qui séparent l'île du Sud de la montagne d'argent.

Le jeune prince, ayant réussi dans son expédition, retourne à Pyentsa, et n'y trouvant plus sa bien-aimée, repart immédiatement pour aller à sa recherche. Arrivé sur les confins de la belle forêt, il y entre seul, visite le pieux ermite qui lui remet la bague et les drogues enchantés, franchit les barrières, et après des aventures sans nombre, arrive enfin à la la ville de la montagne d'argent.

Il fait connaître son arrivée à la princesse en laissant tomber la bague enchantée dans un vase rempli d'eau que l'une des filles du palais va porter dans le bain de la princesse. Il se présente au roi père de sa bien-aimée, et lui fait la demande de sa main; le roi ne veut contracter cette union que lorsque le prince se sera soumis aux épreuves qu'il lui désignera, et en sera sorti victorieux. Le prince accepte sans hésiter : il dompte des chameaux et des éléphants sauvages, bande un arc dont de simples mortels n'eussent pu faire usage, et tire une flèche avec une vigueur et une adresse merveilleuses; enfin et pour couronner tous ces exploits, il parvient à distinguer le petit doigt de Manau parmi les doigts des princesses ses sœurs, qu'on lui présente au travers d'un écran. Le roi ne peut résister à cette preuve

éclatante d'amour et de discernement, et les amants
sont unis. »

Dans toutes les questions d'art, les Birmans sont
restés dans une moyenne très-inférieure ; ils n'en-
tendent rien au dessin, n'ont pas le sens de la pers-
pective et ne produisent que des effets bizarres et
sauvages. Ils sont fort au-dessous des Chinois sur
ce point.

En somme, de même que la langue est restée monosyllabique et a échoué dans sa marche vers l'agglutination, la civilisation venue certainement du
dehors, c'est-à-dire des plaines du Gange, est restée
stationnaire, après avoir atteint assez rapidement
cependant un certain niveau.

CHAPITRE V.

LE GROUPE ANNAMITE.

Les populations connues sous le nom général d'Annamites occupent le Tong-King, la Cochinchine et le Cambodge.

Les habitants des deux premières contrées possèdent des conceptions religieuses à peu près semblables à celles des Birmans, et qui ne sont autres que l'écho un peu affaibli de traditions communes, parties du grand foyer qui illumina toutes les civilisations de l'antique Extrême-Orient.

Sur ces primitives traditions originaires de l'Inde, le bouddhisme, parti de la même source, vint également se greffer plus tard.

Comme les idiomes précédents, la langue d'Annam est monosyllabique, mais elle se rapproche plus du chinois que la langue de Burmah, en ce sens que

bien que la prononciation soit différente, les sons y
sont représentés par des signes.

Pour en donner un exemple sensible, nous dirons :
que la racine-mot est, dans les deux langues, dans
la même situation que se trouvent entre elles les
langues européennes, quant au langage des chiffres.

1, 2, 3, 4, etc... s'écrivent ainsi dans la plupart
des langues européennes, le signe idéographique
est le même, le sens qu'on y attache est le même,
seul les sons destinés à rendre la même idée diffèrent.

Quelques linguistes ont prétendu qu'ils avaient
trouvé en Cochinchine notamment, traces d'une
écriture autre que celle des Chinois, mais ils n'ont
pu baser leurs prétentions sur aucunes preuves sérieuses, n'ayant rapporté aucuns spécimens de cette
écriture différente.

Ces allégations avaient porté M. Chanski à faire
en Cochinchine même les recherches les plus sérieuses ; elles n'ont pas été couronnées de succès.

Les deux contrées possèdent les mêmes usages,
sont régies par les mêmes lois et les mêmes formes
de gouvernement. Leur civilisation et leur langage
sont restés stationnaires depuis des siècles.

Nous avons dit que les Annamites étaient bouddhistes, c'est en effet la forme apparente de religion
qu'ils reconnaissent, mais en réalité, ils sont à cet

égard d'une tolérance générale, plus voisine de l'indifférence que de la croyance à aucun système religieux.

Ils n'ont ni prêtres, ni lieux de réunion, ni ouvrages sacrés, et, sans les statues de Bouddha, qui foisonnent le long des routes et dans les carrefours, on ne saurait quelle religion leur donner.

CHAPITRE VI.

LE GROUPE CAMBODGIEN, CHAMPA ET MOIS.

Nous faisons un groupe spécial des idiomes cambodgiens, parce qu'ils paraissent, quoique encore mal étudiés, différer très-sensiblement des autres langues monosyllabiques de l'extrême Orient.

Quelques linguistes prétendent que les différents dialectes du Cambodge sont restés purement et simplement dans la période d'enfance, d'autres soutiennent, au contraire, qu'après avoir fait un pas très-important vers l'agglutination, ils ont vu leur marche progressive s'arrêter tout d'un coup et sans motifs apparents.

La question est dans tous les cas à étudier.

Les Cambodgiens se nomment, dans leur langage, Kam-Mer.

Ils sont appelés, par les Siamois, Ko-Men.

Par les Cochinchinois, Kao-Mien.

Les Chinois appellent leur pays Kan-Phou-Tché.

Et les Thibetains Kan-Phou-Tchi.

Bien que les Cochinchinois soutiennent les rapports les plus étroits avec tous ces différents peuples, qui sont incontestablement d'origine commune, c'est des Siamois qu'ils se rapprochent le plus par leur constitution physiologique, leurs mœurs, lois, coutumes, religion, et l'état de leur civilisation.

Ainsi, leur alphabet, comme celui de Siam, est d'origine Indoue. Ce qui nous porterait à croire, bien que ce ne soit pas une preuve suffisante, que leur langage n'a pas dépassé la période de début, c'est-à-dire le monosyllabisme.

Les habitants du Champa reçoivent en annamite le nom de Loïs. Leur pays est situé entre le cap Saint-James et la province de Phu-Yen.

Cette race paraît être entièrement d'origine indoue ; sa religion est un brahmanisme mélangé de djaïnisme, mais sa langue n'a pas encore été étudiée, et ce n'est que *pour mémoire* que nous la plaçons dans la division des races dont le *parler* est resté monosyllabique.

Les voyageurs qui ont traversé le pays, parlent de temples immenses taillés dans le granit, sur le modèle de ceux qu'on voit dans le Sud de l'Indoustan, et qui sont dédiés à Vischnou, Siva et Bouddha. Près des Loïs, habite un autre petit peuple nommé Moïs,

qui, dans un état voisin aujourd'hui de la sauvage-
rie, paraît avoir eu dans le passé des traditions iden·
tiques à celles des Loïs et des Indous.

Il serait intéressant à plus d'un titre, de savoir à
quoi s'en tenir sur l'origine et la nature véritable du
langage parlé par ces divers peuples.

Peut-être trouverait-on là un rameau resté stationnaire, des premières émigrations des bords du
Gange.

CHAPITRE VII.

GROUPES SIAMOIS ET THIBÉTAINS.

Nous ne faisons que mentionner ces deux groupes, qui appartiennent sans conteste à la division des langues monosyllabiques, avec cette différence que leur écriture est phonétique et non idéographique, comme celle des Chinois et des Annamites, et que leur alphabet est d'origine indoue.

C'est du dévânaguéri presque pur.

Ces langues ne connaissent ni la déclinaison, ni la conjugaison, ni le genre, ni le nombre dans les noms ; ils remédient à cela par les procédés que nous avons déjà indiqués.

Comme traditions cosmiques et religieuses, c'est encore à l'Inde bouddhiste qu'il faut remonter pour expliquer les croyances de ces peuples, dont la littérature et les arts n'ont absolument rien d'original ; tous les ouvrages que possèdent les Siamois, et les

Thibétains, en dehors de la traduction des livres sacrés des Indous, sont d'une infériorité marquée.

Leurs productions artistiques sont au-dessous de
celles des Chinois.

Leurs wats ou temples sont nombreux et bien en-
trenus, et desservis par un nombre de prêtres réellement extraordinaire. Le culte de Bouddha y est enfermé dans une discipline sacerdotale, que l'on ne
peut comparer dans la hiérarchie de ses membres et
la forme de ses cérémonies qu'au catholicisme romain.
Mais ses prêtres sont d'une ignorance crasse, ils vivent d'aumônes forcées, car tout le monde doit y
contribuer de par la loi, mènent une vie paresseuse
et nulle dans de vastes monastères, et passent leur
temps à réciter des prières en langue pali, à laquelle
aucun d'eux ne comprend absolument rien.

Tout individu, quelle que soit sa situation, est
obligé d'exercer les fonctions de prêtre au moins
pendant trois mois dans le cours de sa vie. Mais ses
maîtres ne lui enseignent que ce qu'ils savent, c'est-
à-dire de ridicules cérémonies dont ils ont entièrement perdu le sens.

Toute la vie du Siamois et du Thibétain n'est
qu'un sacrifice constant à des formules incom-
prises.

En résumé, ce ne sont que deux peuples de plus,

7

qui, par des causes fatales que nous allons chercher
à étudier, sous le double rapport du langage et de
la civilisation, se sont, à peine sortis de l'enfance,
arrêtés dans la voie du progrès.

CHAPITRE VIII.

QUELLES SONT LES CAUSES, QUI ONT ARRÊTÉ LE
DÉVELOPPEMENT DU LANGAGE ET DE LA CIVILISATION,
CHEZ LES NATIONS DE L'EXTRÊME ORIENT,
QUI PARLENT ENCORE DES IDIOMES MONOSYLLABIQUES.

Il est un fait qui n'a rien de bien étrange, bien que certains linguistes, qui n'en ont pas trouvé l'explication dans la classification de leurs radicaux, le proclament inexplicable. Ce fait est celui de la corrélation exacte qui existe entre la situation du langage chez un peuple et l'état de sa civilisation.

Ainsi, il est certain que les nations qui en sont restées au monosyllabisme, en même temps qu'elles s'arrêtaient dans le développement de leur langage, s'arrêtaient dans le développement de leur civilisation.

Ce fait double en apparence, est à ce point un et indivisible, qu'il serait impossible de concevoir une langue savante dans une civilisation pauvre, aussi bien qu'une langue pauvre dans une civilisation avancée.

Aussi, loin de nous étonner avec les linguistes de certaine école, de voir ces deux faits mutuellement corollaires l'un de l'autre, dirons-nous qu'il serait absolument impossible de les concevoir séparés.

Langues et civilisations sont restées stationnaires après avoir atteint un certain niveau, non pour des causes spéciales à la langue et à la civilisation, mais parce que l'intelligence des nations dont elles étaient l'expression manifestée, s'est trouvée subitement frappée de stérilité ?

Quelles sont donc les causes qui peuvent frapper de stérilité l'intelligence d'un groupe social.

La question n'est pas spéciale aux Chinois, aux Birmans, aux Annamites et aux Thibétains. Elle importe à l'humanité entière. Elle n'est point spéciale au monosyllabisme non plus.

Il y a des peuples qui, arrivés à *l'agglutination*, non-seulement n'ont pu atteindre *la flexion*, non-seulement n'ont pu continuer leur marche progressive dans la civilisation, mais encore n'ont pu rester stationnaires et conserver les résultats acquis.

Ainsi, nous le verrons bientôt, il y des peuples qui, pour avoir atteint l'agglutination, et même la flexion, n'en sont pas moins, quoique cela, retombés au-dessous des Chinois et des Birmans.

Il est un principe qui, au point de vue philosophique absolu, domine toute la matière.

Ce principe est le suivant :

De même que la force matérielle d'un groupe social, se compose de la réunion de toutes les forces individuelles (cette vérité est vulgaire, car une nation dont chaque membre serait affaibli ou rachitique, serait une nation incapable d'efforts et de résistances physiques considérables), de même le niveau de la civilisation d'un groupe social est élevé ou abaissé, suivant le degré de culture intellectuel auquel atteint chacun de ses membres.

Et dès lors, la doctrine qui consiste à porter atteinte à la liberté de l'individu, à réglementer son développement intellectuel au profit de la liberté et du développement intellectuel de la masse, est une doctrine absurde, contre nature, et qui n'a été inventée, par ce qu'on appelle *les classes dirigeantes* de tous les temps et de tous les pays, que pour réduire la plus grande partie des membres du groupe social à l'état de troupeau, dont elles se prétendent les pasteurs naturels.

Ces prétentions ne renferment-elles pas du reste en elles-mêmes, la preuve la plus évidente du sophisme sur lequel elles reposent.

En admettant que les classes dirigeantes, soient plus élevées que la masse dans la hiérarchie intellectuelle, n'est-ce pas par la culture et le développement individuel, qu'elles sont arrivées à ce résultat, et comme conséquence, où peuvent-elles prendre le droit, parce qu'elles ont pris les devants, de mesurer parcimonieusement aux autres et la liberté et les moyens de développement intellectuels, qui doivent contribuer à élever le niveau de l'ensemble.

Ce n'est donc que, par la liberté et le développement de l'individu, qu'on arrive à la réelle liberté et au réel développement de l'ensemble.

Ceci posé, on peut dire : que chaque fois que la direction politique et religieuse d'un groupe social, au lieu d'être la résultante de la volonté libre de chaque individu, est devenue par les causes que nous aurons à signaler, le fait d'une caste spéciale, les sociétés ont porté en elles des ferments de corruption et de décomposition qui les ont conduites rapidement à l'immobilité, à l'enfance sénile, à la mort même, chaque fois qu'elles n'ont pu, par la lutte et l'énergie individuelle de ses membres opprimés, rejeter au dehors les causes de décrépitude qui les minaient.

L'homme a beau recouvrir ses vices, ses passions son égoïsme d'un badigeon de convention, le mythe de Caïn et d'Abel est en raccourci l'histoire de l'humanité, et quand l'homme n'a pas tué son frère pour s'emparer de son épargne, il l'a réduit en esclavage et l'a forcé à travailler pour engraisser son oisiveté. Pour nous, quand nous contemplons toutes ces horreurs, tous ces champs de bataille, dont les bruits sinistres ne sont pas près de s'éteindre,... quand nous voyons les lauriers, dont la faiblesse des peuples pare les têtes des conquérants, nous nous demandons si un jour ne verra pas éclore une classe d'hommes, qui rougira plus encore de notre barbarie, que nous ne rougissons des animaux qu'on prétend nos ancêtres.

Pour appliquer le principe que nous venons d'énoncer, au cas spécial qui nous occupe, nous dirons que c'est la formule sociale et religieuse imposée aux Chinois, aux Birmans, aux Siamois, aux Annamites et aux Thibétains, qui a frappé d'immobilité leur langage et leur civilisation.

Ces populations arrivaient à peine à l'agrégation sociale, lorsque, toutes leurs traditions nous le prouvent, de l'Inde déjà brillante et civilisée arriva la race conquérante qui imposa ses idées, ses conceptions religieuses, ses théories de gouvernement. Tout ce qui est antérieur à l'avénement du bouddhisme, est aussi bien d'origine indoue que ce qui lui est postérieur : la cosmographie génésique des Brahmes se retrouve en effet avec moins d'élévation et de philosophie, dans le langage primitif des conceptions de tous ces peuples.

La facilité avec laquelle les bouddhistes, suivant plus tard la route primitivement parcourue par leurs ancêtres, s'imposèrent dans ces contrées, prouve également que le terrain leur avait déjà été préparé, par des idées et des traditions communes.

On nous demandera sans doute, comment il se peut faire alors que les Indous, primitifs envahisseurs, n'aient pas imposé leur langage en même temps que leurs idées et leurs traditions.

Pour les idées le fait est indéniable, puisque nous les retrouvons sur place. Quant au langage, nous répondrons qu'il y a là un phénomène dont l'histoire à toute les époques, nous donne la facile explication. Les Francs qui ont envahi la Gaule, les Sarrazins qui ont dominé l'Espagne n'ont pu imposer leur idiome à ces contrées, les Romains eux-mêmes, malgré leur domination universelle, en dehors d'un certain rayon soumis à leur influence immédiate, et surtout constante, n'ont jamais pu transmettre leur parler aux divers peuples, qu'ils traînaient derrière leurs chars de triomphe.

Presque toujours les peuples vaincus, sous le rapport du langage, se sont assimilé leurs vainqueurs.

Au surplus, la Chine, la Birmanie et les autres contrées qui nous occupent, n'ont jamais subi le joug direct de l'Inde, les conquérants ne sont restés unis par aucun lien à la mère patrie. L'idée de nationalité, idée toute moderne par rapport à ces temps reculés, n'avait pas encore fait son apparition dans le monde, et au lendemain de la conquête, les Indous guerriers se sont faits Thibétains ou Chinois, ne conservant le souvenir de leur origine, que par les traditions sociales et religieuses qu'ils avaient transmises, aux populations pastorales qu'ils venaient de subjuguer.

On retrouve dans l'extrême Orient les mêmes faits d'invasions qui caractérisent l'histoire moins ancienne des Égyptiens, des Assyriens et des Babyloniens. Mais ici chaque invasion, se développant dans des plaines vastes et fertiles, y a trouvé une vie facile et large, et y est restée, tandis que dans les plaines sablonneuses de la Chaldéo-Babylonie l'invasion a toujours été nomade ; elle se contentait de piller, et regagnait son centre d'action, chargée de dépouilles, et poussant devant elle les vaincus dont elle faisait des esclaves.

Surprises dans l'état monosyllabique de leur langage, et au milieu d'une civilisation toute pastorale encore, les populations de l'extrême Orient, dont le cerveau n'était pas prêt, ne pouvaient parler le pâli ou le sanscrit qui étaient les idiomes de leurs vainqueurs ; leur cerveau n'était pas prêt pour passer de suite du *monosyllabisme à la flexion*, et ce fut au contraire leurs envahisseurs qui durent apprendre leur langue pour pouvoir communiquer avec elles. Ce fait est d'autant plus facile à expliquer : que les envahisseurs sont toujours numériquement inférieurs dans une proportion considérable, aux peuples qu'ils soumettent.

Quelques centaines de mille hommes, ont toujours suffi pour en tenir des millions sous le joug.

Mais si le langage du vainqueur n'est pas devenu celui du vaincu, on peut relever un fait d'une gravité incontestable en linguistique et en ethnographie, c'est que plusieurs de ces peuples, comme les Birmans, les Siamois, les Thibétains, soit ont abandonné leur écriture idéographique encore rudimentaire, soit ne possédaient pas encore d'écriture propre, et ont adopté pour rendre leurs mots-racines exprimant des idées et non des sons, l'écriture phonétique de leurs conquérants.

A ces populations qui promenaient leurs troupeaux dans les vastes plaines de Burmah, de Siam, du Cambodge, du Tonking, etc., les hommes des bords du Gange donnèrent leur religion, leur forme de gouvernement centralisateur, despotique et sacerdotal, leur civilisation plus avancée, mais ils leur imposèrent aussi leurs divisions de caste, et avec elles aussi les principes de cette fatale immobilité qui commençait à atteindre l'Inde, comme un signe de décadence, et qui devait agir avec plus de force en-

core, sur l'intelligence générale de populations encore dans l'enfance.

En créant l'immobilité dans la sphère sociale, la
caste tua toute ambition légitime, toute énergie individuelle, elle enraya le progrès ; en proscrivant le
libre examen en matière religieuse, la domination
sacerdotale créa l'immobilité de la pensée, et com-
prima dans un moule identique toutes les facultés
intellectuelles de la nation. D'un seul coup, tout
l'extrême Orient, jeune encore, se trouva porté dans
la situation que l'Inde vieillie n'allait atteindre que
peu à peu.

Sur les bords du Gange, les traditions de libre
pensée personnifiées dans les écoles de Kapila, de
Kanadi et des philosophes naturalistes, ne devaient
jamais se perdre complétement, et maintenir, dans
les académies et les agraharas, un semblant d'indépendance; l'Inde devait aussi chasser le Bouddhisme
qui est bien la religion de l'immobilité et du rêve.
Mais sur les bords du Mé-Kong, du Cambodge et du
fleuve Jaune, la liberté ne devait pas naître du doute
et de l'examen, toute culture intellectuelle se résuma dans la contemplation et la prière, toute espé-
rance future se résuma dans le Nirvana, c'est-à-dire
dans une espèce de bonheur mystique qui ne se
traduit que par l'absence de la pensée et du mouvement.

Dans ces circonstances, la langue se fixa dans la forme où elle se trouvait au moment de l'invasion, la civilisation resta ce qu'elle était au moment où elle fut imposée.

Le potier, le tisseur, l'orfèvre, le sculpteur, le forgeron, le cultivateur en sont encore à des procédés vieux de plusieurs milliers d'années. Le poëte refait pour la millième fois les poésies du passé ; les castes supérieures s'endorment dans l'opium et la décrépitude ; le prêtre ignorant, mais sceptique et corrompu, dresse toujours devant les yeux abêtis de la foule les mêmes personnifications ridicules du bien et du mal, génies toujours inassouvis qu'il faut sans cesse gorger d'offrandes et de présents.

Voilà pourquoi depuis des siècles, les populations de l'extrême Orient, réduites au rôle inconscient de rouages, ne sont plus que des cadavres que l'on galvanise...

On a tenté sur nous la même épreuve.... Mais Luther a fendu l'oreille aux bonzes et aux talapoins modernes.... et 89 a montré aux prétendues classes dirigeantes, qu'elles se trompaient de temps et de peuple, et que l'heure était passée d'abriter son oisiveté et son droit divin dans les pagodes et les palais de l'Asie...

Ici se pose naturellement la question suivante :

— Ces différents groupes de peuples dont les liens

de parenté sont si étendus à tous les points de vue, ethnographiques, ont-ils une origine commune ?

— Non, répondent les linguistes de l'école allemande.

— Pourquoi ?

— Parce que... bien que ces peuples parlent tous des langues qui se sont arrêtées à la même période de formation des langues monosyllabiques en un mot, les radicaux de ces divers parlers sont irréductibles à un type commun.

Ainsi, voilà des peuples qui pensent de la même manière, qui pendant des siècles ont eu les mêmes conceptions psychologiques, dont l'esprit admet les mêmes règles, les mêmes vérités... les mêmes axiomes, qui sont frappés identiquement par les mêmes faits... et vous pensez avoir le droit absolu de prétendre, qu'ils appartiennent à des races différentes, parce que les racines de leurs langages sont pour la plupart irréductibles ?...

Nous ne vous reconnaissons absolument que le droit, dans la situation où vous vous êtes placés, d'affirmer *après preuve* l'irréductibilité des radicaux de ces différents langages.

D'après vous [1], « le linguiste étudie chez l'homme le phénomène du langage articulé et ses produits à la façon dont tout physiologiste étudie les autres

---

1. Schleicher. — Hovelacque : *Linguistique.*

fonctions, *la locomotion* par exemple, *l'olfaction, la vision*, ou encore *la digestion, la circulation*. Et non-seulement il cherche et détermine les lois normales propres à ce phénomène, mais encore il découvre et caractérise les altérations véritablement pathologiques qui se présentent maintes fois durant le cours de la vie des langues. »

Lorsque sortant de ce domaine que vous avez circonscrit vous-même, la linguistique s'érige par votre fait en grand critérium historique et ethnographique, elle ne fait plus de la science exacte, de la science physiologique et naturelle, suivant vos expressions ; elle tombe dans ces raisonnements aventureux et ces affirmations *à priori* dont vos adversaires, *les gens du sentimentalisme*, ont tant abusé.

Est-ce à dire qu'à notre tour nous affirmions *par des procédés identiques* et d'une manière absolue l'existence d'un berceau commun qui aurait abrité les premiers pas de tous ces peuples ?

Nullement.

Nous ne nous cantonnons pas dans un ordre de preuves spéciales.

Arriverons-nous jamais, nous l'avons déjà dit autre part, à connaître le secret de notre origine ? La terre a-t-elle été peuplée successivement par plusieurs races différentes ? Tous les hommes et tous les peuples *de la race blanche au moins* sont-ils au contraire les produits d'un type uniforme, dont les variations doivent être attribuées au climat, à la nourriture, à la vie nomade ou sédentaire, primitive ou civilisée? Ce sont là autant de problèmes que tous, naturalistes, physiologistes, philosophes, historiens et linguistes, ont le droit et le devoir de travailler à résoudre.

Il est vrai que jusqu'à ce jour ils ne sont guère parvenus à s'entendre sur un principe commun, qui éclairerait et dirigerait leurs recherches.

Le philosophe spiritualiste n'accorde guère d'influence qu'à l'esprit.

Le matérialiste, qu'à la grande matière cosmique qu'il adore à l'égal d'un dieu.

Naturalistes et physiologistes n'étudient avec raison que les faits positifs, et ils sont dans le vrai tant qu'ils ne concluent pas en dehors de leur domaine.

Les linguistes de l'école qui nous occupe étudient, ils le disent eux-mêmes[1], le phénomène du langage, comme le botaniste étudie l'organisme des végétaux.

L'historien, des faits d'agrégation sociale.

Mais aucun n'a le droit de sortir de sa sphère particulière, pour conclure *dans le général* et porter un jugement d'ensemble.

---

1. Schleicher : *Die deutsche sprache.* Introduction.

L'historien, par exemple, n'a pas plus le droit de dire : Tels et tels peuples, depuis les temps les plus reculés, ont eu les mêmes périodes d'évolution historique, la même vie sociale... donc ils parlaient les mêmes langues ;

Que le linguiste n'a le droit d'affirmer d'une manière absolue que ces mêmes peuples, parlant des langues à racines irréductibles, n'appartiennent pas à la même race.

L'ethnographie seule, en examinant le résultat des travaux du naturaliste, du physiologiste, du philosophe, de l'historien et du linguiste, peut proposer des conclusions générales...

Nous disons *proposer* et non *affirmer*, car, sur le terrain de l'origine des races et des langues, les prémisses scientifiques faisant absolument défaut, il sera toujours impossible d'arriver à une conclusion scientifique.

La question de l'homme-singe, posée comme résolue par certains linguistes et anthropologistes, qui en font la base de leurs études et par elles résolvent le problème, prouve simplement qu'il faut fuir partout, aussi bien chez les gens qui se réclament de la science pure que chez ceux qui font de la science avec la *révélation*... le raisonnement systématique et la science d'école.

D'après ces linguistes, il y aurait sur le globe autant de races d'hommes que de langages à racines irréductibles.

Et, en tête de chaque race et de chaque langage différent, se trouverait un primate ou gorille perfectionné qui serait arrivé à la dignité d'homme par la conquête de ce langage.

Dans l'espèce qui nous occupe, les Chinois, Annamites, Siamois, Birmans, Thibétains et autres peuples du groupe, parlant des langues dont les racines sont irréductibles, on devrait en conclure que chacun de ces peuples a droit à un ancêtre spécial, à un chimpanzé perfectionné.

Et nous aurions alors

Le chimpanzé chinois, le chimpanzé annamite, etc...

Et voilà ce que prêchent sérieusement toute une classe de gens, aux allures graves, qui ne perdent aucune occasion de ridiculiser les vieilles métaphysiques du passé.

Qu'on ne nous accuse pas d'exagération. Nous citons[1].

« L'histoire nous apprend qu'un grand nombre de familles linguistiques se sont éteintes sans postérité; cela est le fait de la concurrence vitale, qui s'applique à la nature entière, et toujours et partout. Plus nous remontons dans le cours des âges, plus

2. Hovelacque : *Linguistique.*

nous trouvons de familles linguistiques indépendantes. C'est également le fait des races humaines. *Nous pouvons soutenir sans témérité* que le primate (singe en voie de perfectionnement), précurseur de l'homme, a dû acquérir sur bien des points à la fois ou successivement la faculté du langage articulé qui devait l'élever à la condition d'homme. La linguistique nous conduit en effet à ce résultat, en nous enseignant la multiplicité des systèmes linguistiques irréductibles. »

Le : *nous pouvons soutenir sans témérité...* est un vrai chef-d'œuvre.

Comme on le voit, chaque langage différent a droit à son singe.

Ces gens-là, qui couvrent de ridicule les âmes spéculatives, qui, voyant partout dans la nature l'ordre, l'unité, la sagesse infinie, ont voulu rencontrer toutes ces qualités réunies au sommet, et ont imaginé Dieu... ces gens-là, disons-nous, voyant partout l'ordre, l'unité et la sagesse infinie, ont imaginé la sainte unité cosmique et le singe.....

Ce n'est ni chez les uns, ni chez les autres, que nous irons chercher nos principes de science.

Le véritable rationaliste est plus sceptique que cela, et il ne repousse pas la révélation, éclose au milieu des mystères des temples, pour aller s'agenouiller ensuite devant la révélation éclose des cerveaux des grands prêtres de la linguistique et du naturalisme pur.

Il ne veut pas qu'on touche à son droit de discussion.

Il ne veut pas qu'on lui présente des hypothèses autrement qu'à titre d'hypothèse...

Et quand il voit les uns et les autres se jeter leurs goupillons célestes et leurs chimpanzés à la tête, il dit des uns et des autres : — Allons, vous n'êtes tous que des prêtres..... Pourquoi donc vous disputez-vous les uns les autres ?

Oui, messieurs les linguistes de l'école franco-allemande, vous procédez dans votre science comme ont toujours fait les prêtres pour leurs mystères ; vous n'osez pas nier mon droit à demander des preuves... Mais d'avance vous escamotez la question. En soutenant qu'il ne se forme plus de langues nouvelles parce que le précurseur de l'homme, le fameux primate, est éteint, vous allez au-devant de cette demande qu'on vous ferait infailliblement : — Montrez-moi donc un primate, gorille, chimpanzé ou pongo, en train de se perfectionner par le langage ?

C'est un des vôtres que nous venons de citer qui a dit :

« Dans la période historique de l'humanité, il ne

peut plus naître de nouveau système de langue. L'o-
rigine du langage, l'acquisition du langage de la faculté étant *une* et identique avec la formation des premières races humaines, il s'en suit que le précurseur
de l'homme une fois éteint, la formation de nouvelles
familles linguistes est absolument impossible. Tout
effet nécessite une cause, et la cause disparaissant il
n'y a plus d'effet possible. »

Les prêtres antiques brûlaient dans le taureau
d'airain ceux d'entre eux qui étaient surpris à divul-
guer à d'autres qu'aux initiés le véritable sens des
mystères... Et de même vous détruisez votre *singe*
dès que vous vous en êtes servis, pour édifier votre
système, afin qu'on ne puisse l'interroger.

Mais vous n'échapperez pas à cette autre question :

Si le primate, le précurseur, le singe fait homme
a disparu après avoir donné naissance à l'homme
actuel, quelle peut bien être la révélation linguistique, anthropologique ou simiesque, qui vous a fait
connaître l'existence de ce primate disparu, sur lequel
vous faites reposer les bases de toute votre science?

Car, notez-le bien, vous avez posé son existence
comme un fait indiscutable ; non-seulement votre
raisonnement n'a jamais affecté une forme hypothé-
thique, non-seulement vous avez toujours dit : le

primate, le précurseur de l'homme..... mais encore vous avez traité de doctrines pédantesques, d'obscurs fatras, d'arguties oiseuses où la rhétorique le dispute au vide et à l'ineptie, tout ce qui n'adoptait pas à priori et sur votre seule affirmation, vos théories sur le langage et le singe perfectionné...

La disparition du précurseur et le mystère d'abord..... l'intolérance ensuite..... Allons, bâtissez des temples et tentez à votre tour d'asservir la raison humaine, vous avez fait tout ce qu'il faut pour cela.

Que dis-je, tentez..... Vos souhaits sont plus près de se réaliser que nous ne le pensions. N'est-ce pas hier seulement qu'un des vôtres faisait un véritable prône, dans un véritable temple, pour réunir tous les libres penseurs sous une même formule de credo ? . . . .

Quant à la question spéciale, pour en revenir à notre sujet, de l'irréductibilité des racines des différentes langues monosyllabiques, et aux arguments qu'on peut en tirer contre la communauté d'origine des peuples qui les parlent, nous ne la traiterons que quand nous aurons terminé l'examen des groupes agglutinants *et à flexions*, car elle peut se représenter pour chacune des langues qui les composent. Nous verrons alors ce que l'ethnographie peut admettre des conclusions des linguistes.

GROUPE

DES LANGUES AGGLUTINANTES

IMPROPREMENT APPELÉES TOURANIENNES

ETHNOGRAPHIE DES PEUPLES QUI LES PARLENT

CHAPITRE PREMIER.

QUE SIGNIFIE L'EXPRESSION DE TOURANIENNES APPLIQUÉE AUX LANGUES AGGLUTINANTES.

L'expression de « langues touraniennes » doit son origine à une autre catégorie de linguistes, que nous appellerions volontiers les linguistes d'imagination.

Quand ils ne trouvent pas, ils créent.

Pour ranger tous les peuples qui parlent des langues agglutinantes sous un commun drapeau, ils ont inventé le touranisme, mot qui désignerait également l'état social des populations pastorales qui en étaient à l'agglutination, par rapport aux populations agricoles de l'Asie qui en étaient à la flexion.

Les inventeurs de cette curieuse expression, qui s'applique indifféremment aux Japonais, aux Papous, aux Polynésiens, aux Australiens, aux Africains, à certains groupes américains, aux Peuls, aux Nu-

biens, aux Cafres, aux Basques, aux Tamouls, aux
Finnois, aux anciens Chaldéens, etc., etc..... au
point de vue ethnographique pur, n'ont pas réflé-
chi que les peuples ne naissent point fatalement
pasteurs ou agriculteurs, mais qu'ils devenaient l'un
ou l'autre, suivant les contrées où ils portaient leurs
pas, et étaient souvent l'un et l'autre comme dans
l'Inde, quand la nature du sol prêtait à cette double
manière de vivre. Au surplus, la plupart des peuples du globe ont à l'origine mené ces deux exis-
tences.

Aux deux points de vue ethnographique et historique, il n'y a pas de civilisation touranienne. Et on
ne peut que s'étonner d'une invention d'autant plus
audacieuse, qu'elle est réduite à fabriquer un peuple
qu'elle appelle touranien, du nom du Touran, où elle
a imaginé de placer son berceau.

Les anciens peuples de la Médie appelaient va-
guement du nom de Touran les contrées situées à
l'est de la mer Caspienne. Le Zend-Avesta en fait
mention comme de pays arides et désolés, habituel
séjour de l'esprit du mal.

Le Touran des anciens serait la Tartarie actuelle.
Il faut avoir parcouru ces steppes stériles, où pendant de longs jours les caravanes qui vont de
Kachgar à Bokhara et à Khiva ne rencontrent que
quelques touffes d'herbes rabougries et des chacals

affamés ; où pas un monument, pas une ruine, pas un souvenir ne vient accuser un passé de quelque grandeur, pour comprendre l'absurdité de cette hypothèse.

De temps à autre, le voyageur rencontre des tas d'ossements blanchis d'hommes et d'animaux, ce sont les cimetières des caravanes qui transportent le thé, le musc et les étoffes soyeuses de la Chine.

Bien qu'on ne voyage là que dans la saison favorable, il est rare que les voyageurs soient à l'arrivée en même nombre qu'au départ.

L'été, ces plaines sont une mer de feu.

L'hiver, elles ressemblent à un vaste linceul [1].

Et au point de vue de la linguistique pure, l'expression de langues touraniennes est un non-sens ; nous désignerons donc simplement ce groupe sous le nom de langues agglutinantes, dans l'impossibilité où nous sommes d'ajouter, à cette expression, d'une division morphologique, une expression ethnographique qui ait quelque raison d'être.

Nous aurons occasion de revenir sur ces appellations de fantaisie à propos des langues accadiennes et summériennes.

1. La Genèse de l'humanité.

CHAPITRE II.

LE GROUPE AMÉRICAIN.

Nous commençons cette revue rapide des langues agglutinantes, par les groupes les moins connus, les moins étudiés, les groupes américains, africains, polynésiens et australiens.

Ici nous nous trouvons en présence d'un fait des plus singuliers. L'état morphologique du langage n'est plus comme dans toute l'Asie, en rapport direct avec l'état actuel de la civilisation.

Faut-il voir dans cette situation particulière une exception à la règle que nous avons posée ? Nous ne le pensons pas, et tout porte à croire au contraire qu'elle en est la confirmation.

Malgré tous les efforts des américanistes de France, qui ne veulent voir, dans toute l'Amérique, que des populations autochthones, il est certain que le nord-est a subi la colonisation asiatique. M. Mackenzie

a relevé chez les populations Ouyas, Peourgas, Sa-
kis, Piaukichas et Miâmis, celles qui toutes appartiennent à la grande race chipawane, de telles
traditions, que ce fait de colonisation ne saurait être
mis en doute.

Tous les souvenirs de ces peuples les rattachent si
bien au nord de l'Asie, que M. Wels, se promenant,
pendant de longues années parmi les tribus indigènes et leur posant cette question :

— D'où venez-vous?

a pu recevoir partout la même réponse.

— Nos pères ont abordé le pays du bison et du
castor, en traversant l'eau solide (mer de glace) qui
se trouve là, et les indigènes, du doigt indiquaient
le nord-est dans la direction du détroit de Behring.

C'est un fait immense dans l'histoire du monde,
que celui de cette colonisation asiatique, que l'on retrouve dans toutes les parties du globe. Il semble-
rait que le grand continent asiatique, fût le premier
habitable et que peu à peu ses nombreuses populations envahirent le globe, à mesure que chaque évolution géologique, en rendait quelque partie habitable.

Toutes les populations de l'Amérique, ont entre
elles de telles affinités de types, de mœurs et de langage, que l'on peut supposer qu'elles ont la même

origine, et que du nord elles ont successivement envahi tout le continent sans qu'on puisse savoir sous quelles latitudes elles se sont arrêtées.

Et dès lors on comprend comment, parties de l'Asie avec des langues agglutinantes, et un certain niveau de civilisation, elles auraient peu à peu, dans les immenses forêts qu'elles vinrent habiter, où la chasse et la pêche furent leurs seules occupations, fait un retour à peu près complet à la vie sauvage : dans ce cas, l'agglutination de leur langage correspondrait à une civilisation qu'ils ne connaîtraient plus.

L'ethnographie possède de nombreux exemples de faits semblables ; ainsi les Tottahs-Veddahs, dans le sud de l'Indoustan, à la suite de nombreuses vexations qu'ils eurent à subir de la part des musulmans, s'étant réfugiés dans les montagnes de la côte Malabare, en moins d'un siècle sont retournés à la vie primitive, et si bien, qu'ils n'ont plus aujourd'hui aucun souvenir des traditions de leurs ancêtres, et qu'ils se sont composé un langage qui n'a plus aucun rapport avec le tamoul, qu'ils ont parlé autrefois. Les croyances religieuses des peuplades américaines ont une parenté évidente avec celles de l'Asie.

Elles établissent un manitou ou génie supérieur, qu'ils placent dans l'éther, et à qui ils attribuent la création de tout ce qui existe ; mais, après cet effort, celui qu'ils nomment le maître de la vie est rentré dans son repos, livrant l'univers à sa vie propre sous des lois fatales et immuables.

Sous son commandement[1] sont d'innombrables manitous, ou génies subalternes, qui peuplent l'air et la terre, président à tout ce qui arrive, et ont chacun leur emploi distinct. De ces génies les uns sont bons, et ceux-là font tout ce qui se passe de bien dans la nature ; les autres sont méchants, et ceux-ci causent tout le mal qui arrive aux vivants.

C'est à ces génies, de préférence et presque exclusivement, que les sauvages adressent leurs prières, leurs offrandes propitiatoires et ce qu'ils ont de culte religieux ; leur but est d'apaiser la malice de ces manitous, comme on apaise la mauvaise humeur des gens hargneux et envieux ; ils n'offrent rien ou que très-peu de choses aux bons génies, parce qu'ils n'en feront ni plus ni moins de bien.

Primus in orbe deos fecit timor,

a dit Lucrèce.

Cette peur des mauvais génies est une de leurs pensées les plus habituelles et qui les tourmente le plus. Leurs plus intrépides guerriers sont à cet égard comme les femmes et les enfants; un songe, une

---

1. Volney.

ombre entrevue la nuit dans les bois, un cri sinistre alarment également leur esprit crédule et superstitieux, et comme partout où il y a des dupes, il croît des fripons, on trouve dans toutes les tribus sauvages des prêtres jongleurs et magiciens, qui font le métier d'expliquer les songes, et de négocier avec les manitous, les demandes et les affaires de chaque croyant.

N'ayant pas l'idée de purs esprits, ils les supposent des êtres corporels et pourtant légers, volatils, de vrais ombres et mânes à la manière des Indous et des Grecs. Quelquefois ces prêtres et les adeptes en choisissent un en particulier, qu'ils font résider dans un arbre, un rocher, une cataracte, et ils en font leur *fétiche*, à la manière des nègres de l'Afrique, et des adorateurs anciens, des faunes, des sylvains et des naïades.

L'idée d'une autre vie est une croyance générale chez eux, mais ici la filiation asiatique s'efface, et ces peuplades se sont composé un paradis selon leur goût. Ils se figurent qu'après la mort ils passeront dans un lieu où abondent le gibier et le poisson, où ils pourront chasser sans fatigue, se promener sans crainte d'ennemis, vivre sans peine et sans souci, en un mot être heureux de tout ce qui fait le bonheur dans la vie actuelle. Ils ont également l'idée du châtiment et de la récompense.

L'analogie de ces idées avec celles des Asiatiques et même des Grecs est évidente.

Les différents langages, que parlent ces populations, entretiennent entre eux les rapports les plus étroits, ils sont, nous l'avons dit, de forme agglutinante. Quelques linguistes, à cause de la multiplicité des racines agglutinées, ont voulu désigner ces idiomes sous le nom de polysynthétiques; mais l'expression ne nous paraît pas heureuse ; peu importe, en effet, le nombre des racines, exprimant des idées de rapport et de situation, si la racine principale, si la racine idée reste invariable. Peu importe également l'incorporation de tous les mots d'une phrase en un seul, comme dans cet exemple, emprunté à un des dialectes des Chipawas :

> Ouapekinguémentikocha
> Le blanc sait bâtir les vaisseaux.

Nous dirons donc que le polysynthétisme ou la composition indéfinie de mots par ellipse et syncope est un signe spécial aux langues américaines, mais il n'est qu'une extension de l'agglutination. Nous conserverons donc à ces idiomes le nom de langues agglutinan tes.

Dans le dialecte chipawa, qui se parle dans tout le nord-est, le verbe être n'existe pas, et les adjectifs sont de commun genre comme en anglais.

Le pluriel des substantifs se forme en ajoutant au singulier le suffixe ké; ainsi alangoua, l'étoile; alangouaké, les étoiles; nipinsi, le lac; nipinsiké, les lacs.

Le chipawa, que l'on peut considérer comme la langue type de cette partie de l'Amérique, possède des conjugaisons de verbes, mais ne reconnaît que trois temps et l'infinitif.

Voici deux exemples pris dans la forme active et dans la forme passive :

VERBE ACTIF.

PRÉSENT.

Je mange............	Niouissini.
Tu manges.........	Kiouissini.
Il ou elle mange.....	Ouissinioua.
Nous mangeons......,	Nioussini-mina.
Vous mangez........	Kiouissini-moua.
Ils ou elles mangent..	Ouissini-ouaké.

PASSÉ.

J'ai mangé.........	Chaïnai-ouissiné.
Tu as mangé.......	Chaïaki-ouissiné:
Il a mangé..........	Chaïaé-ouissinoua.
Nous avons mangé...	Chaïaé-kouissini-mina.
Vous avez mangé....	Chaïaé-kouissini-moua.
Ils ont mangé.......	Chaïaé-ouissiniouaké.

FUTUR.

Je mangerai.........	Nauissini-katé.
Tu mangeras.......	Kiouissini-katé.
Il mangera..........	Ouissinioua-katé.

Nous mangerons..... Kiouissini-mina-katé.
Vous mangerez...... Kiouissini-mo-katé.
Ils mangeront....... Ouissimiouakè-katé.

INFINITIF.

Manger............. Ouissiningué.

VERBE PASSIF.

PRÉSENT.

Je suis scalpé........ Indâvé-ekoua.
Tu es scalpé......... Kédâvé-ekoua.
Il est scalpé......... Avé-laoua.
Nous sommes scalpés. Kédavé-ekoua.
Vous êtes scalpés..... Kédavé-ekoha.
Ils sont scalpés ...... Avé-haouaké.

PASSÉ.

J'ai été scalpé........ Indavé-néhékoua.
Tu as été scalpé...... Kidavé-néhékoua.
Il a été scalpé........ Avevé-haoua.
Nous avons été scalpés. Kidavé-nehekonoua.
Vous avez été scalpés. Kidavé-nehékoua.
Ils ont été scalpés.... Avévé-haouaké.

FUTUR.

Je serai scalpé....... Indavé-heko-kâté.
Tu seras scalpé...... Kedové-heko-kâté.
Il sera scalpé .... Avé-haoua-kâté.
Nous serons scalpés.. Kédavé-hekomena-katé.
Vous serez scalpés ... Kedavé-hekomo-katé.
Ils seront scalpés .... Avé, haouaké-katé.

Nous ne donnons ces deux verbes qu'à titre
d'exemple, il ne faudrait pas les prendre comme

type de conjugaison, car tous les verbes de ce dialecte, sont essentiellement irréguliers dans leurs formes.

Ces conjugaisons ne sont guère du reste que des noms, précédés de préfixes ou suivis de suffixes, indiquant le temps, la manière d'être, la possession.

Il nous serait impossible de passer en revue tous les dialectes de l'Amérique septentrionale, il nous suffit d'avoir indiqué la place qu'ils occupent dans la classification des langues, et surtout, ce qui est le plus important pour nous, que la tradition asiatique se rencontre encore vivante chez les peuples qui les parlent. Sans ces traditions en effet, dont nous étudions la marche par le langage, nous n'eussions fait, sans autres détails, qu'indiquer ce groupe.

Une grande partie des idiomes de l'Amérique médionale en sont encore à la forme monosyllabique. M. Burton et le savant Pallas, ont constaté au siècle dernier de grandes ressemblances entre le dialecte dont nous venons de parler, et certains idiomes du nord de l'Asie.

Il ne paraît pas que ces indigènes aient conservé, si jamais ils l'avaient apporté de leur lieu d'origine, un moyen de transmettre leur pensée et leurs traditions. Quelques voyageurs ont voulu voir dans d'informes dessins rencontrés chez eux des souvenirs hiéroglyphiques, mais les tribus chez lesquelles on

les a remarqués, grossièrement gravés sur du bois
ou de la pierre, n'en possédaient plus le sens. Ainsi
les Tottahs-Veddahs de l'Inde, dont nous venons de
parler, ne comprennent plus les signes, qu'ils continuent à graver machinalement sur leurs poteries, et
les rares instruments dont ils ont conservé l'u-
sage.

La vérité est que les peuplades de l'Amérique
n'ont plus ni moyens de transmissions, ni monuments, et que les grandes ruines, chargées d'inscriptions mystérieuses, qu'on a découvertes depuis peu
dans le pays, si elles peuvent être portées à l'acquis
de leurs ancêtres, n'ont plus aucuns rapports avec
l'état présent de leur civilisation.

Ainsi les *tumulus* et les grandes lignes de défense,
rencontrés dans les environs de Cincinnati, de Lexin-
gton, ne peuvent lui être attribués, et l'âge de ces
ruines, supputé par les cercles internes de végéta-
tation, que l'on a pu compter dans les arbres qui ont
passé au milieu d'elles, reportent ces constructions
à une époque reculée de plus de deux mille ans.

Chipawas, Delawares, Pauwnies, Comanches, tous
les habitants des contrées supérieures, auront bientôt disparu devant les envahissements de la civilisation moderne; dans cinquante ans, les primitifs
habitants des grands lacs, réduits aujourd'hui à
quelques familles, n'existeront plus; ils auront em-

porté dans la tombe le secret de leur véritable origine..... Qui donc alors, devant cette poussière
muette, pourra déchiffrer cette page mystérieuse de
l'histoire de l'humanité, sur laquelle il n'y a plus
rien d'écrit?

CHAPITRE III.

GROUPES DE L'AFRIQUE AUSTRALE : CONGO, CAFRE, HOTTENTOT.

Nous n'osons pas soutenir avec quelque certitude qu'il soit possible de rencontrer chez les peuples de ces groupes aucunes traditions asiatiques. A ce titre, l'étude de leur langage ne rentrerait pas d'une manière immédiate dans notre sujet, qui est de rechercher partout la trace de ces traditions et de les signaler chaque fois que nous les rencontrons, si infimes qu'elles puissent parfois paraître ; et nous sommes d'autant plus à l'aise en indiquant même les plus hypothétiques, que scientifiquement nous n'affirmons rien à leur égard, notre intention étant de ne présenter des conclusions absolues, que pour les groupes indo-asiatiques et sémitiques.

Cependant nous faisons une exception pour les Cafres, sur lesquels nous aurons à nous expliquer, et comme les autres peuples parlent des langues agglutinantes, nous cédons à la tentation d'en dire quelques mots, pour présenter un tableau, sinon complet, du moins assez général des idiomes qui se rangent sous la bannière de l'agglutination.

Le bonda, ou langue des conquérants, se parle dans tout le centre de l'Afrique australe, et sa connaissance serait indispensable au voyageur qui voudrait traverser la partie de cette vaste contrée comprise entre la côte de Mozambique et celle du Congo.

Le caractère spécial du bonda réside dans la multitude d'affixes destinés à remplacer les déclinaisons et les conjugaisons des langues indo-germaniques, et en cela, mais en cela seulement, on a pu le rapprocher des langues sémitiques, son caractère linguistique étant purement agglutinant.

Le diminutif dans les noms se forme en affixant la particule *ca*. Exemple : couga, royaume ; cacouga, petit royaume.

Les superlatifs se forment en redoublant la dernière syllabe de l'adjectif. Exemple : riata-quiné-né, un grand homme ; riata-quiné-néné, un très-grand homme.

L'article varie en nombre, mais non en genre. Exemple : o-riata, les hommes ; rio-rata, des hommes ; o-mugatta, les femmes ; rio-agatta, des femmes, de même pour le neutre.

Les verbes de ce langage sont nombreux, puisque tous les noms peuvent le devenir au besoin ; il suffit de les faire suivre en manière de conjugaisons d'affixes exprimant la manière d'être, d'agir ou de supporter, et les modifications des temps.

La phonétique est riche et sonore.

Les langues du Loango et d'Angola paraissent dériver du bonda ; elles se développent par les mêmes procédés, ont une foule de racines communes, et, quant aux mots, la comparaison des chiffres dans les trois langues, va nous montrer combien sont étroits leurs liens de parenté !

BONDA.	ANGOLA.	LOANGO.	
Mochi.......	Mochi.......	Mosé.......	Un.
Yari	Soli.........	Oualé	Deux.
Tatou.......	Tatou.......	Tatou	Trois.
Ouana	Maiir	Quina......	Quatre.
Sanou.......	Tanou	Tano.......	Cinq.
Samanou....	Samanou	Sambano...	Six.
Sambouari ..	Samboari ...	Sambroualé .	Sept.
Naqui.......	Nané........	Iunana.....	Huit.
Cougui......	Cougui......	Coumi......	Dix.

D'après Levaillant, Thunberg et Hoeffer, l'idiome des Hottentots est caractérisé par trois espèces de claquement de langue qu'ils nomment *dental*, *palatal* et *guttural;* l'ensemble phonétique en est dur, à ce point que Thunberg a pu dire :

« Quand une demi-douzaine de Hottentots parlent

ensemble, on croirait entendre caqueter des oies. »

Le Hottentot ne connaît ni article, ni déclinaison, ni conjugaison de verbe. Sa phrase est une succession de substantifs, dont quelques particules intercalées et la prononciation seules servent à fixer le sens. Cette langue, avec celles de Korounas et des Namaquas, tend à disparaître.

Ces idiomes sont d'une telle pauvreté, que, malgré leurs tentatives d'agglutination, elles sont fort au-dessous des langues monosyllabiques de l'Asie qui, morphologiquement placées d'un degré au-dessous, au point de vue de l'élévation des idées rendues et de la richesse littéraire, ne peuvent pas plus leur être comparées que l'homme au singe... soit dit sans offenser notre prétendu ancêtre.

CHAPITRE IV.

GROUPE CAFRE OU KOUSA, SICHOUANA, DAMARA.

Le groupe cafre mérite une mention toute spéciale ; ce n'est pas que nous ayons la prétention absolue de soutenir que les peuples qui parlent ces langues soient d'origine asiatique, mais en présence de l'opinion d'ethnographes sérieux, qui presque tous n'ont pas hésité à donner aux Cafres un autre berceau que l'Afrique, nous pensons qu'il peut nous être permis de signaler à notre tour des rapprochements et de formuler une hypothèse.

Pour ne citer qu'une seule de ces opinions, Barrow a dit :

« Très-certainement, les Cafres ne sont point aborigènes de la pointe méridionale de l'Afrique. Environnés de tous côtés par des nations si différentes en tout point par leur couleur, leurs traits, leurs formes, par leurs dispositions, leurs manières et leurs langages, il serait absurde de les considérer comme indigènes du petit pays qu'ils habitent maintenant. Si on voulait rechercher leur origine, peut-être serait-on bien près de la vérité en supposant qu'ils descendent de quelques tribus errantes d'Arabes connus sous le nom de Bédouins. On sait que ces peuples ont pénétré dans presque toute l'Afrique. La figure des Cafres porte des caractères visiblement les mêmes que celle des Arabes, et leur manière de vivre, leurs habitudes pastorales, leur caractère et leur hospitalité envers les étrangers, achèvent de compléter leur ressemblance. Ces Bédouins ont porté des colonies jusque dans les îles du midi de l'Afrique; entreprise plus difficile à exécuter qu'un voyage par terre jusqu'au Cap de Bonne-Espérance.

En marchant le long de la mer Rouge, et tournant immédiatement au Midi sur la côte, ils auront évité le grand désert qui divise l'Afrique en deux, et le pays est alors praticable partout. »

Lichtenstein refuse d'admettre cette opinion, parce que, dit-il, ces peuples auraient conservé des restes d'écriture, et quelques traces de la civilisation de leurs ancêtres.

La première raison tirée de l'absence de toute écriture est sans valeur, l'ethnographie a relevé, nous l'avons vu, nombre de cas où la longueur des chemins parcourus, les temps écoulés, les souffrances endurées, et enfin les conditions d'une existence difficile dans les débuts, ont fait perdre l'écriture à des émigrés, issus de nations qui la possédaient. Supposons, par exemple, que quelques milliers de serfs révoltés, au moyen âge, eussent trouvé un moyen quelconque de s'enfuir et d'aborder à la côte d'Afrique, par Gibraltar, croit-on qu'ils eussent conservé une écriture qui existait bien en Europe mais qu'ils devaient encore moins connaître, n'étant pas nés clercs, que les orgueilleux hobereaux de l'époque, dont l'ignorance s'étale sous cette forme dans les actes notariés du temps :

« Et le sieur de... et autres lieux,
a déclaré ne savoir signer comme
étant gentilhomme. »

Le second motif porte moins encore, car nous allons voir que les Cafres ont précisément conservé une civilisation qui n'a rien d'africain.

Les autres raisons que nous donne Lichtenstein, vont au moins aussi directement contre la thèse qu'il soutient.

Il présume que le sud de l'Afrique a été peuplé

par des nations venues du nord de cette contrée
dont les uns sont arrivés à l'est du Cap, donnant
naissance à la race des Cafres, et les autres à l'ouest,
y laissant la race hottentote.

« A l'est, dit-il, les tribus émigrées trouvaient
un sol fertile et un beau climat, la civilisation pouvait s'y conserver en partie. Sur le sol desséché de
l'ouest, au contraire, les hommes furent obligés de
vivre de la chasse et de s'étendre davantage vers le
midi pour trouver quelque subsistance ; en sorte
que les Hottentots arrivèrent dans le midi quelques siècles avant les Cafres ; il s'étendirent même
sur toute la Cafrerie et au delà ; les rivières et
les montagnes y portent encore aujourd'hui des
noms hottentots. Cependant, se trouvant enfin en
contact avec les Cafres, qui arrivaient du nord de
l'Afrique, ils furent repoussés et durent se resserrer
dans le coin de terre qu'on leur laissa. »

Lichtenstein indique alors comme pays d'origine
des Cafres l'Abyssinie. Tout ce raisonnement se renverse lui-même, au point de vue ethnographique et
revient à soutenir l'hypothèse de Barrow, qu'il était
destiné à renverser.

Ainsi, n'est-ce pas une monstruosité ethnographique que de faire venir les Hottentots du nord de

l'Afrique, en présence du type particulièrement grossier et primitif de cette race ; son origine occidentale, en l'absence des preuves même les plus in-
directes, est impossible à admettre, même à l'état
de simple supposition.

Il ajoute que la civilisation pouvait se conserver
dans l'est, sous un climat sain et avec un sol fertile,
et c'est précisément le cas des Cafres, dont les
mœurs, les coutumes, les croyances ne ressemblent
à aucune de celles de leurs voisins.

Quant à l'origine abyssinienne, Lichtenstein ne
voit pas qu'en cela il détruit lui-même toute son
argumentation, car il est acquis à la science aujour-
d'hui que les Abyssins ne sont pas originaires de
l'Afrique.

Sans nous prononcer plus que de raison pour l'hypothèse de Barrow, nous devons dire qu'elle est la
plus vraisemblable, et que nous irions même plus
loin que lui, en rattachant plus étroitement encore
l'émigration cafre à l'Asie.

C'est ici le cas de rapprocher les coutumes et les
races.

Nous venons de voir que la figure des Cafres pré-
sentait tous les traits caractéristiques de celle des
Arabes. Barrow, Lichtenstein, Levaillant, Campbell,
Kay, Thunberg, Hoeffer et autres, sont d'accord
pour leur reconnaître une taille élevée, la tête bien

conformée, le front haut, l'os du nez relevé comme
chez les Indo-Asiatiques et les Indo-Européens, et
des membres développés dans les plus belles proportions ; leur attitude indique la vigueur, leur dé-
marche est ferme et assurée, et tout en eux annonce
le courage et l'intrépidité.

Les femmes, quoique d'une taille beaucoup plus
petite que celle des hommes, ne sont pas moins bien
conformées qu'eux. Les jeunes Cafrines ont la taille
arrondie, souple et élégante, les seins élastiques,
fermes et bien plantés en pleine poitrine, tous leurs
membres ont des contours charmants, leur peau est
fine, les pieds et les mains sont petits, leur figure
est bien faite, et presque toujours gracieuse et mu-
tine. On ne ferait pas autrement le portrait d'une
Indo-Européenne.

Enfin, la peau des deux sexes a cette couleur indé-
cise du bronze foncé, qui est celle de toutes les populations véritablement autochthones du sud de
l'Indoustan.

Leur genre de nourriture va nous donner des
traits plus saillants encore, de ressemblance avec les
Asiatiques.

« La bonne santé dont jouissent les Cafres, dit
Hoeffer, est due sans contredit en grande partie à la
simplicité de leurs aliments. De *nombreux troupeaux*

de vaches leur fournissent en abondance du laitage qui fait leur principale nourriture : leurs autres aliments sont : la viande ordinairement rôtie, *le millet, le maïs et le melon d'eau* qu'ils apprêtent de plusieurs manières. L'eau est leur unique boisson. Les Cafres ne boivent pas le lait frais, *mais ils le laissent cailler et s'aigrir* ; ce qui se fait en très-peu de temps *dans des corbeilles* qui, ayant servi plus d'une fois à cet usage, sont imbibées d'acide lactique.

« Ces corbeilles, de forme arrondie, ont ordinairement dix jusqu'à seize pouces de diamètre à la partie supérieure, et un peu plus de profondeur, la paroi a une ou deux lignes d'épaisseur, rarement davantage. Ce sont les femmes qui s'occupent de leur construction, elles y emploient une espèce de jonc très-délié qu'elles savent tresser avec tant d'adresse qu'une corbeille, ainsi faite et enduite de graisse, est impénétrable à l'eau.

« Pour manger le lait caillé, les Cafres se servent d'une coquille de moule, ou plus communément de la tige d'une plante qui croît particulièrement dans leur pays. Quand la plante est entièrement desséchée, ils en coupent un morceau d'environ un pied de long dont ils battent le bout avec un caillou poli, jusqu'à ce que tous les filaments s'écartent, et *forment un pinceau qui leur tient lieu de cuiller pour manger le laitage.* »

Tous ces détails pourraient s'appliquer traits pour traits aux mœurs des populations agricoles du Deccan, des Tamoules surtout.

Le lait caillé, le millet et le riz, au lieu du maïs, fut la base de la nourriture de toutes les populations védiques. Le lait caillé est également dans l'Inde la principale offrande des sacrifices. Comme sur les bords du Gange et du Cavery, les Cafres ondoient leurs enfants à la naissance ; cette cérémonie consiste à plonger ces derniers trois fois dans l'eau et à leur en verser un peu dans la bouche.

Une des pratiques les plus singulières, qui rattacherait ces tribus d'un côté à l'Arabie, et de l'autre à l'Inde par les Tchandalas ou proscrits décastés à qui elle était imposée, est la circoncision, qui est pratiquée sur les jeunes gens dès qu'ils arrivent à l'âge de la puberté.

Pendant de longs siècles, les parias indous furent astreints à la circoncision. Manou nous a conservé sur ce point les prescriptions les plus singulières. Mais la coutume la plus étrange, qui prête aux plus intéressants rapprochements, et dont on chercherait vainement l'explication dans l'ethnographie des races véritablement africaines, est celle de la purification de souillures toutes spéciales, purification qui semble être un écho de la coutume indoue et sémitique.

Laissons parler M. Hoeffer :

« Les Cafres ont, comme les anciens Israélites, l'idée d'une souillure toute morale qu'on encourt dans certains cas.

« La personne ainsi souillée est exclue pendant un certain temps du commerce des autres, et il y a des règles prescrites à observer pour sa purification. D'abord il ne lui est pas permis de se laver ou de se peindre le corps pendant tout le temps de la souillure ; on lui interdit de même l'usage du lait, et tout commerce avec l'autre sexe ; après que le temps de la souillure est écoulé, elle se purifie en se lavant de nouveau, en se peignant la peau et en se rinçant la bouche avec du lait. Tous les enfants sont considérés comme impurs jusqu'à l'âge de la puberté (époque de la circoncision). On regarde de même les femmes comme souillées pendant leur indisposition périodique ; les nouvelles accouchées, jusqu'à un mois après leurs couches ; toute femme qui a eu commerce avec un homme, jusqu'à ce qu'elle soit lavée.

« La souillure a lieu pendant la moitié d'un mois lunaire, pour le mari dont la femme est morte, et pendant un mois entier pour la femme devenue veuve. La mère, dont l'enfant vient à mourir, est souillée pendant deux jours, et en général, quiconque s'est trouvé dans le voisinage d'une personne au moment où elle rend le dernier soupir, est censé souillé, quoique, dans ce cas, la souillure ne dure que jusqu'à ce qu'on se soit lavé.

« Par la même raison, tous les hommes sont réputés souillés au retour d'une bataille, et doivent faire leurs ablutions avant de rentrer dans leurs cabanes. Si, pendant un orage, la foudre tombe dans l'enceinte où habite une tribu, la tribu entière est souillée ; on abandonne ce lieu, on se purifie en immolant quelques pièces de bétail, et dans l'intervalle tout commerce est interrompu entre la tribu souillée et les autres tribus. »

En regard de ces coutumes, on ne lira pas sans étonnement, croyons-nous, les prescriptions du vieux Manou, le plus ancien législateur de l'Inde :

« Écoutez maintenant quelles sont les impuretés occasionnées par les morts et les objets inanimés, et les moyens de s'en purifier.

*
* *

« Si un jeune enfant vient à mourir après la cérémonie de la tonsure, ses parents sont atteints de la même impureté que celle de la mère à sa naissance.

* *
*

« L'impureté occasionnée par les morts à leurs parents peut durer selon les circonstances dix, trois ou un jour, mais dans tous les cas elle ne peut cesser avant que les os aient été recueillis dans le bûcher.

* *
*

« L'impureté cesse d'atteindre les parents au septième degré, car ils ne sont pas obligés d'offrir les pindas funéraires.

* *
*

« Mais ils sont astreints à la libation d'eau, tant que l'on conserve le souvenir d'une origine commune et le nom du même ancêtre.

* *
*

« Tous les parents qui sont obligés à l'offrande des gâteaux funéraires reçoivent du mort une impureté d'une durée égale, mais celle qui résulte d'une naissance n'atteint que le père et la mère.

* *
*

« Le père est purifié par un bain lorsque l'enfant est né de sa femme, mais s'il a un enfant d'une femme mariée, étant convenablement autorisé par le

mari impuissant, une purification de trois jours est
nécessaire.

***

« Le brahmatchari (élève) qui accomplit les cérémonies funéraires de son gourou (maître) est purifié au bout de dix jours seulement et de même les
porteurs du corps.

***

« Une femme est purifiée d'une fausse couche par
quinze jours d'ablutions ; une femme dont les fatigues
mensuelles sont terminées, par trois ablutions.

***

« L'enfant mort avant l'âge de deux ans, et qui
n'a pas reçu la tonsure, doit être enseveli dans une
terre pure ; ses os ne sont pas recueillis dans le
bûcher, car il n'est pas un ancêtre.

***

« Aucune ablution, aucune cérémonie, aucuns sacrifices ne doivent être offerts pour lui, les pindas
sacrés (gâteaux funéraires) ont été créés seulement
pour les mânes des pitris et il ne va pas au séjour
des ancêtres.

*
* *

« Si le brahmatchari accomplit les cérémonies funéraires pour un de ses camarades, il est purifié en un jour.

*
* *

« Les parents sont purifiés en trois jours de la mort d'une vierge, en six jours seulement si elle était fiancée.

*
* *

« Les parents sont purifiés de la mort d'un des leurs, absent, par dix jours, ou la différence entre l'annonce de la mort et dix jours comptés à la date du décès.

*
* *

« Si dix jours, ou plus, se sont déjà écoulés entre la mort et l'annonce du décès, les parents sont purifiés par un bain.

*
* *

« La mort d'un étranger est purifié par un seul bain pour les habitants de la maison dont il est l'hôte.

*
* *

« Quel que soit le nombre des décès arrivés pendant les dix jours funéraires, les parents ne sont impurs que les dix premiers jours à compter du premier décès.

* * *

« La mort d'un brahme d'une sagesse exemplaire, savant dans le Véda, et qui toute sa vie a pratiqué des austérités méritoires, n'occasionne aucune impureté.

* * *

« Tous les habitants du royaume sont impurs pendant un jour à la mort du souverain ; tous les habitants de la même maison sont impurs pendant une nuit à la mort d'un brahme.

* * *

« Nul ne doit pendant les jours d'impureté interrompre ses oblations aux cinq feux, ni ses offrandes aux mânes.

* * *

« Celui qui a touché par mégarde un tchandala (paria), une femme ayant ses fatigues mensuelles, un homme sans caste, une nouvelle accouchée, un mort, est purifié par un bain.

* * *

« Le brahme qui aperçoit un homme dégradé,

en faisant ses oblations, est obligé de réciter les mentrams (prières) de la purification, de même s'il touche un os, un mendiant, une prostituée, un homme
débauché.

⁂

« Les dépouilles mortelles des brahmes et des deux
autres castes supérieures doivent quitter la ville
par la porte de l'orient, les restes des soudras par
la porte du sud.

⁂

« Les novices, les sannyassis (anachorètes), les
vieillards de cent ans, les vierges ne reçoivent aucune impureté de la mort de leurs proches.

⁂

« Les rois sont purifiés immédiatement de la
mort de leurs proches, les cérémonies funéraires ne
doivent pas les détourner de leurs occupations qui
ont pour but le bonheur de leurs peuples.

⁂

« Celui qui meurt dans une bataille ou par ordre
du roi, ou en défendant le faible, ou tué par la foudre, ou en protégeant une vache, est purifié à l'instant même.

**

« Le roi ne peut jamais être impur, car il a été créé pour le règne de la justice par Sama, Agni, Sourya, Anila, Indra, Couvèra, Varouna et Yama, avec une portion de leur pure essence.

**

« Après avoir assisté à un sraddha (repas funéraire) le brahme est purifié en touchant l'eau lustrale, le xchatria ses armes, le Vaysia son aiguillon, le soudra le pied de son maître.

**

« Si un brahme rend les devoirs funéraires à un étranger, il est purifié un jour après, et trois jours après, seulement, s'il assiste au repas mortuaire.

**

« La dépouille d'un mort ne peut être portée au bûcher que par les parents, ou des gens de sa caste ; celui qui est porté par un soudra renaît dans la caste servile.

**

« L'eau, la terre, les cérémonies sacrées, la fiente de vache (animal vénéré par excellence dans la mythologie indoue), l'air, les aliments consacrés dans les sacrifices sont les objets employés dans les purifications.

*
* *

« Mais la purification qui vient de la science et des bonnes œuvres est la meilleure. Heureux celui qui reste pur en acquérant des richesses.

*
* *

« Les sages se purifient par le pardon des injures, l'aumône et la prière.

*
* *

« Telles sont les règles de purification des êtres animés..... »

Ici nous sommes en présence d'une civilisation plus avancée, et surtout nous pouvons citer le texte même de la coutume. Combien ces étranges rapprochements seraient plus étroits encore si, au lieu d'avoir le simple exposé des voyageurs, nous pouvions recevoir, de la bouche même d'un chef, ou d'un sacrificateur cafre, l'explication des divers genres de souillures reconnues par leurs lois religieuses, ainsi que des modes de purification qui y sont afférents. Mais telles qu'elles sont les deux cou-

tumes offrent de tels points de contact, que l'on
pourrait peut-être, sans trop de témérité, penser
qu'elles ont dû avoir dans la très-haute antiquité
quelques liens de parenté.

Quoi qu'il en soit, il est, ainsi que nous l'avons
déjà dit, absolument impossible d'expliquer de pareilles mœurs, sans sortir de cette grossière terre
d'Afrique, où l'on ne rencontre que les plus grossières superstitions.

Il se peut que les Cafres aient perdu la connaissance symbolique de ces habitudes, mais il est hors
de doute qu'elles partent d'idées religieuses avan-
cées, les souillures purement morales et les purifications qu'elles exigent, sont les conséquences certaines de tout un système de conceptions métaphysiques, dont on ne peut trouver l'explication qu'en
remontant vers l'Orient.

Nous n'avons pas le temps, on le conçoit, de nous
appesantir sur toutes ces traditions qu'un volume
suffirait à peine à exposer; qu'il nous suffise de
dire que les cérémonies de mariage, qui commencent par la *dation* de la femme au mari par le père,
moyennant une véritable vente dont le prix consiste
en bestiaux, les cérémonies mortuaires, les douaires
des veuves, les prohibitions d'union en raison de la
parenté, tels que les ont notés sur les lieux Spar-
mann, Alberti, Thunberg, Le Vaillant, Barrow,

Rurchell et Kay, sont identiques dans la coutume indoue.

Un exemple, que nous allons emprunter à MM. Thompson et Hoeffer prouvera, à l'encontre de Lichtenstein, qu'il ne faut pas des siècles à une peuplade transplantée hors de son pays, par émigration ou toute autre cause, pour que leurs descendants perdent le souvenir du pays de ses ancêtres, et nous en conclurons, en admettant qu'une émigration sémitique ou d'origine indoue ait donné naissance aux Cafres, que ces derniers ont conservé beaucoup plus de traditions de leur pays d'origine qu'on n'aurait pu l'espérer.

Il y a dans la Cafrerie, au pays des Amapondas, une horde qui excite un vif intérêt, Elle descend d'Européens naufragés qui se marièrent avec les femmes du pays. Ce fait, qui avait d'abord été révoqué en doute, paraît aujourd'hui bien démontré. On sait que le *Grosvenor*, vaisseau de la Compagnie anglaise des Indes, périt en 1782 sur les côtes de la Cafrerie. Une expédition qui, neuf ans après, partit pour s'enquérir du sort des naufragés, arriva dans le territoire des Amapondas ; elle rencontra dans le voisinage du lieu de l'accident une horde d'environ quatre cents individus, issus du mariage d'Européens avec les indigènes, et trouva encore parmi eux *trois vieilles femmes qui avaient entièrement oublié leur langue maternelle.* La horde de mulâtres à laquelle elles appartenaient, possédait des bestiaux et avait de grands jardins plantés en sorgho, maïs, cannes à sucre, patates, bananes et haricots. Elle devait, dit Thompson, évidemment son origine à l'équipage de quelque navire jeté sur cette côte longtemps avant la catastrophe du *Grosvenor.*

De tous ces rapprochements extraordinaires nous ne tirerons aucune conclusion absolue ; nous dirons seulement qu'ils ont pour l'ethnographe qui étudie des origines, une tout autre valeur que des sons articulés, qu'une foule de circonstances peuvent modifier, et que quelques racines plus ou moins irréductibles.

Il nous reste à dire quelques mots de la langue des Cafres, que nous rangeons parmi les langues agglutinantes. L'évolution agglutinante n'y est certainement pas complète ; cet idiome possède encore une foule de formes monosyllabiques, mais il suffit que l'effort ait été tenté pour qu'il ait le droit d'entrer dans cette division.

Dans la langue des Cafres, ou langue kousa, les mots se composent en général de deux syllabes ; la pénultième est toujours très-accentuée, et la voyelle accompagnée d'un petit nombre de consonnes seulement.

Cet idiome ne possède ni l'r, ni l'x, ni le v remplacé par l'f. Les sifflantes lui sont inconnues, et le k, le p et le t se prononcent avec une très-forte aspiration.

Les Cafres parlent avec élégance, ont une prononciation claire et bien accentuée; ils chantent leurs phrases, circonstance de plus à noter, comme les Asiatiques ; et avant la prononciation du mot, ainsi que nous l'avons nous-même souvent entendu, lorsque les brahmes récitent les Védas, on entend s'échapper un son rhythmé que l'on peut traduire par *om! am!* ou *oum!* Ils ne connaissent pas l'article, et le mot se modifie pour donner l'idée du présent, du passé et du futur.

Ainsi :

> Moi, dans le présent, se dit *dia,*
> — dans le passé,   — *di,*
> — dans le futur,   — *do.*

Le verbe neutre n'existe pas, le nom ou l'adjectif remplissent la fonction.

Ainsi :

Lamba signifie la faim et avoir faim,
Kuhmba —   méchant et faire une mauvaise action,
Tsaba —   content et se réjouir.

La forme du verbe lui est donnée par le pronom.

Dia lamba signifie j'ai faim.

Les adjectifs qualificatifs sont caractérisés par les

suffixes *èle* et *ale*; *longa*, droit, *longuèle*, sincère; *damma*,
deuil, *dammâle*, triste. Voici, d'après MM. Kag et
Hoeffer, le tableau d'une conjugaison en langue cafre
qui rappelle un peu celles des langues sémitiques :

UKUBIZA — APPELER.

PRÉSENT.

Diabiza	j'appelle.
Uabiza	tu appelles.
Eabiza........	il appelle.
Siabiza	nous appelons.
Neabiza.......	vous appelez.
Piabiza	ils appellent.

IMPARFAIT.

Dibeudibiza...	j'appelais.
Ubenubiza....	tu appelais.
Ebenebiza.....	il appelait.
Sibezibiza.....	nous appelions.
Nebenebiza ...	vous appeliez.
Pebepebiza ...	ils appelaient.

PARFAIT.

Dubandabiza..	j'ai appelé.
Ubanabiza....	tu as appelé.
Eabaéabiza ...	il a appelé.
Sabesabiza....	nous avons appelé.
Nabenabiza ...	vous avez appelé.
Pabepabiza ...	ils ont appelé.

PLUS-QUE-PARFAIT.

Dikandabiza..	j'avais appelé.
Ukanabiza....	tu avais appelé.
Ekeabiza	il avait appelé.

Sikasabiza .... nous avions appelé.
Nekanabiza ... vous aviez appelé.
Pakapabiza ... ils avaient appelé.

FUTUR.

Dobiza . ... j'appellerai.
Uobiza. .... tu appelleras.
Eobiza........ il appellera.
Sobiza........ nous appellerons.
Nobiza . ... vous appellerez.
Pobiza........ ils appelleront.

POTENTIEL.

Dingabiza..... je puis appeler.
Ungabiza ..... tu peux appeler.
Engabiza ..... il peut appeler.
Singabiza..... nous pouvons appeler.
Naupabiza.... vous pouvez appeler.
Pangabiza.... ils peuvent appeler.

IMPÉRATIF.

Maudabiza.... qu'on me laisse appeler.
Maubiza ...... appeler.
Maebiza ...... qu'il appelle.
Masibiza...... appelons.
Manibiza...... appelez.
Mobibiza...... qu'ils appellent.

PASSIF.

Dibisoué....... je suis appelé.
Ubizoué....... tu es appelé.
Ebizoué ...... il est appelé.
Sabizoué. ..... nous sommes appelés.
Nebizoué ..... vous êtes appelés.
Pabizoué. ..... ils sont appelés.

Avec la suffixe na le verbe devient interrogatif.

Dibizna,...... appelé-je.

Le négatif s'exprime de la manière suivante :

Audibiza...... je n'appelle pas.
Akabiza....... tu n'appelles pas.
Atibiza .... il n'appelle pas.
Asibiza .... nous n'appelons pas.
Nosibiza...... vous n'appelez pas.
Pakabiza...... ils n'appellent pas.

Le verbe reçoit toujours pour préfixe la première lettre ou la première syllabe de son sujet.

Ainsi :

HAMBA — MARCHER.

Ountana-ouhamba ... l'enfant marche.
Indodo-ihamba...... l'homme marche.
Ioshi-iahamba....... le cheval marche, etc...

Les adjectifs reçoivent des préfixes analogues des substantifs qu'ils qualifient.

Les autres dialectes de la Cafrerie se rapprochent tous plus ou moins de la langue kousa, dont ils paraissent n'être que des dérivés. Les principaux sont le sichouana et le damara.

Voici, à titre de comparaison comme pour le groupe Hottentot, les noms des dix premiers nombres dans les trois langues. Nous les empruntons aux ouvrages de Sparrmann, de Thunberg, de Le Vaillant, de Barrow, de Lichtenstein, de Burchell, de Campbell, de Kay et de Hoeffer.

Ihnjë........	Mougaheeta..	Emouage....	Un.
Mobiné.......	Baburi.......	Embaré.....	Deux.
Malhertou....	Tharro.......	Datou.......	Trois.
Mani.........-	Invi.........	Evé........	Quatre.
Kori........	Maslauou....	Hautchanou.	Cinq.
Sikaua.......	T'hanno.....	Imbomé.....	Six.
Sithardathan.	Liasjupa.....	Imbombari..	Sept.
Thoba........	Arrivui......	Ionbomdatou	Huit.
Mamani......	Quahera.....	Imboéné.....	Neuf.
Saoumé......	Choumé.....	Ilimorony ...	Dix.

M. Thompson, qui a constaté également la ressemblance générale de tous les dialectes de cette
côte, ajoute :

« Je n'entends pas décider jusqu'où ces affinités
de famille et de langage s'étendent dans le nord,
mais j'ai vu un vocabulaire de l'île d'Anjouan et des
Comores fait par un missionnaire qui y a résidé ; il
en résulte que ces insulaires, et probablement aussi
les tribus aborigènes de Madagascar parlent un
dialecte qui a une relation intime avec ceux de la
Cafrerie et de Mozambique. »

Nous ajouterons : et peut-être aussi avec la langue
primitive des vieilles populations tamoules de Ceylan et de l'Indoustan.

Quelques linguistes, quelques indianistes surtout,
s'étonneront peut-être de nous voir confondre les
autochthones de Ceylan et ceux du sud de l'Inde. A

cela nous répondrons que notre hypothèse se place bien avant l'extension du pouvoir brahmanique, des rives du Gange au sud de l'Indoustan et à Ceylan, bien avant la conquête que la légende du Ramayana est destinée à célébrer.

Tous les voyageurs ont constaté la complète ressemblance, des quelques tribus sauvages qui restent encore dans les montagnes de la côte malabare, et qui sont bien des autochthones demeurés réfractaires à la civilisation, avec celles qui errent dans les provinces accidentées de l'est de Ceylan.

Elles sont connues du reste dans les deux contrées, sous le même nom, celui de Tottah-Veddahs.

L'examen de la population actuelle de l'île de Ceylan démontre que quatre races différentes se sont amalgamées pour la former :

1° Les Tottahs-Veddahs ou autochtones.

2° Les Tamoules du sud de l'Indoustan.

3° Les Arabes.

4° Les indigènes de Madagascar, des Comores et des Seychelles.

Malgré l'éloignement apparent de ces derniers, les signes ethnographiques qui signalent leur présence à Ceylan sont indiscutables.

Nous avons parcouru nous-même l'île de Ceylan et les montagnes de la côte malabare, à pied, avec une modeste charrette à bœufs, couchant dans les villages et vivant de la vie des indigènes, et nous pouvons affirmer qu'il est impossible de distinguer un Cafre d'un Tottah-Veddah et d'un Tamoul quelconque, quand son sang n'est pas mélangé.

Il n'y a en effet, entre le Tamoul de pure race et le Tottah-Veddah, que la différence, qui résulte de leur genre de vie, et la distinction que l'on peut établir entre le coureur des bois et l'agriculteur. Pour nous, le Tottah-Veddah est un Tamoul qui n'a pas voulu abandonner la vie sauvage pour la vie civilisée. Quel est le degré de parenté qui existe entre ces races et celles de la côte orientale d'Afrique, connues sous le nom de Cafres? Nous avons signalé les points de contact, les traditions communes... au delà il nous est impossible de rien affirmer... il y a longtemps que la nuit des siècles a étendu son voile sur ces questions d'origine.

CHAPITRE V.

GROUPES TAMOULS ET CYNGHALAIS.

Nous ne faisons qu'un seul groupe des langues qui se parlent dans le Deccan, le Carnatic, le Malagalam et l'île de Ceylan, car toutes doivent leur origine à un type convenu.

Ces langues sont au nombre de six :

Le tamoul qui se parle à l'est des montagnes du Malabar, depuis Palikate jusqu'au cap Comorin ;

Le telinga, qui se parle dans tout le centre, au pays de Golconde, à Hayderabad et jusqu'aux confins du Béhar ;

Le kanara, qui se parle dans tout le Maïssour jusqu'aux extrémités de l'ancien royaume de Nizam ;

Le malayalam, qui se parle tout le long de la côte ouest du Malabar jusqu'à Trivanderam ;

Le toulouva, qui n'est guère en usage aujourd'hui que dans une portion circonscrite du versant oriental des Nielgueries, à la hauteur de Bengalore;

Et le cyngalais, qui se parle dans l'île de Ceylan, concurremment avec le bengali qui s'est acclimaté dans les ports, et le tamoul qui est l'idiome de presque toutes les populations du nord de l'île, de Manaar à Jaffnapatnam.

Ces langues ont donné naissance à une foule de dialectes secondaires, dont nous n'avons pas à nous occuper.

On a cru pendant longtemps, avant que ces langues fussent parfaitement étudiées, qu'elles étaient des dérivés directs du sanscrit. Il est acquis aujourd'hui à la science qu'elles ont une origine entièrement indépendante de la vieille langue brahmanique, et qu'elles appartiennent sans conteste au groupe des agglutinantes.

Néanmoins, elles ont reçu du sanscrit une très-grande quantité de mots, mais sans que cela altère en rien leurs formes constitutives, et dans les mêmes rapports, par exemple, que l'anglais a reçu des mots latins, et l'indoustani des mots arabes.

Des six, c'est le tamoul qui est sans contredit le plus pur, et quelques linguistes ont pu à bon droit le considérer comme la langue mère des autres.

Le telingua, quoique conservant sa forme primitive, a fait de tels emprunts au sanscrit que, suivant l'expression des savants Wilson et Colbrook,

si on lui retirait tous les mots qu'il doit à la langue sacrée,
il n'existerait plus.

Ces langues sont flexibles et sonores, mais leur
littérature n'a rien d'original, elle s'est formée tout
entière à l'aide de la littérature sanscrite.

La langue cyngalaise est mélodieuse et expres-
sive, et telle en est la richesse d'expression et de synonymes, que l'on pourrait presque dresser trois
vocabulaires d'instinct ; l'un servirait à l'écriture
sacrée et à la poésie, l'autre au langage des classes
élevées, et le troisième à l'usage du menu peuple.

Les Cyngalais ne possèdent ni grands écrivains,
ni monuments littéraires et scientifiques; de tous
les peuples de l'Indoustan, c'est celui qui resté le
plus stationnaire.

Les six langues dont nous venons de parler doivent toutes leur système d'écriture au sanscrit.

Nous n'avons pas, on le conçoit, à nous étendre
sur les traditions de ces peuples, puisque c'est précisément aux traditions de leur pays, l'Indoustan,
que nous cherchons, sans esprit de système cependant, à rattacher celles des autres peuples : on né
saurait nier sans absurdité que les Tamouls et les
Cyngalais ne soient des Asiatiques, et l'étude sur les
conceptions et les mœurs de l'Inde, viendra plus
logiquement lorsque nous aurons à nous occuper
du groupe des langues à flexion indo asiatiques.

CHAPITRE VI.

LE GROUPE POLYNÉSIEN.

Nous avons déjà eu occasion de dire quelques mots de ce groupe; on nous permettra de nous citer[1].

Tracez dans l'océan Pacifique un polygone dont les sommets seraient la Nouvelle-Zélande, les îles Wallis, l'archipel des Navigateurs, les îles Sandwich, l'île de Pàques, l'archipel de Paumoutou et des Gambiers, et dans lequel sont compris Tonga, Foutouna, Ouvéa, les Samoa, les îles Sous-le-Vent, les Marquises et Taïti, et tous les petits groupes des îlots intermédiaires, et vous aurez enfermé dans cette figure, composée de plusieurs centaines d'îles, souvent éloignées de huit cents à mille et quinze cents lieues les unes des autres, une population de

---

1. *Histoire des Vierges.*

race jaune uniforme, assez semblable à celle de l'Indoustan méridional, d'une taille au-dessus de la moyenne, belle de forme, douce de mœurs, possédant les mêmes coutumes, les mêmes traditions religieuses, *parlant la même langue*, et dont toutes les tribus, tous les rameaux, se reconnaissent à première vue malgré les distances infranchissables qui les séparent, comme étant de la même famille, et portant le même nom, celui de mahori.

Il est un fait que l'ethnographe ne peut relever sans le plus profond étonnement.

Bien qu'il soit matériellement impossible que les populations de ces îles aient pu communiquer entre elles avant l'arrivée des Européens, séparées qu'elles sont par des distances infranchissables, toutes possèdent les mêmes croyances cosmiques, le même culte rendu aux mêmes divinités en plein air sur les maraës, les mêmes mœurs, les mêmes coutumes. Et ce qu'il y a de plus extraordinaire, c'est que la langue s'est conservée la même dans tout ce groupe d'îles, sauf quelques insignifiantes variations, qui ne consistent que dans le changement ou le retranchement de quelques consonnes.

Ainsi, alors que dans certains archipels on dit Atua (Dieu), dans d'autres on dit Etua. Les uns prononcent Taïti, les autres Tasiti. Ra ou la, le soleil; henua ou fenua, terre; tanata, tagata, kanaka, tâata, homme. Lorsque la consonne disparaît, comme dans taâta, elle se remplace en accentuant gutturalement la voyelle suivante. Quelques groupes d'îles se passent absolument de certaines consonnes. Aux Marquises on retranche l'r, aux Gambiers l'h, à Taïti le g et le k.

Ces différences sont si peu importantes que nous avons pu voir à Taïti quatre naturels amenés dans un but d'étude des Sandwich, de l'île de Pâques, de la Nouvelle-Zélande et des Samoa, et qui n'avaient jamais jusqu'à ce jour quitté leurs îles distantes les unes des autres de douze à quinze cents lieues, se donner l'accolade de la même manière, en quelques minutes se mettre d'accord sur la prononciation de certaines lettres et converser immédiatement ensemble sans la moindre difficulté.

Longtemps on avait considéré l'île de Pâques comme en dehors du rayon polynésien, en raison de la distance qui la séparait des autres et de sa proximité de l'Amérique du Sud à qui on attribuait sa colonisation. Nous avons assisté nous-même à la solution de cet intéressant problème ethnographique.

Nous nous souvenons encore de l'émotion réelle que nous avons éprouvée lorsque nous avons vu, à Taïti même, deux indigènes, l'un du pays et l'autre de l'île de Pâques, mis en présence, pour la pre-

mière fois, par les soins d'un intelligent gouverneur,
M. de La Roncière.

A peine débarqué, l'habitant de l'île de Pâques
fut mis en présence du Taïtien.

Nous regardions, anxieux de ce qui allait se
passer.

Les deux naturels s'observèrent pendant quelques instants.

C'était bien le même type extérieur de race.

L'habitant de l'île de Pâques semblait craintif.

Le Taïtien, plus déluré, s'avança près de lui.

« Ia orana oé, lui dit-il. — Salut à toi. »

La figure de l'autre Indien s'illumina de plaisir.

« Iorana taio, répondit-il. — Salut, ami. »

Tous les spectateurs de cette scène se regardèrent
avec un indicible étonnement.

Les deux naturels venaient de se souhaiter la
bienvenue dans la même langue. Celui de l'île de
Pâques avait seulement élidé deux voyelles que le
Taïtien avait au contraire distinctement prononcées.

« Ia, sois; orana. — Bien portant. — Oé. — Toi. »

« Iorana. — Sois bien portant. — Tai o, ami. »

La conversation continuait; nous écoutâmes.

« No héa mai oé? — D'où viens-tu? » Littéralement : d'où, jusqu'ici, toi.

« No motu henua maoro mai au. — Je suis venu
d'une île très-éloignée. »

A Taïti on aurait dit fénua au lieu de hénua.

Traduction littérale : de île terre éloignée venu moi.

« E aha to oé eré? — Quel est le but de ton voyage ? » Littéralement : et quel, le, de toi venue.

« A ita paha oé ité éna. — Je ne sais peut-être pas bien cela. » Littéralement : pas peut-être moi sachant cela...

Il n'y avait plus de doute possible, les indigènes appartenaient bien à la même race et parlaient bien la même langue.

Le mahori est arrivé à la période d'agglutination et s'y est arrêté.

Ce dialecte ne possède à proprement parler que des noms qui deviennent adjectifs et verbes par des retranchements de syllabes.

Ainsi :

Amuraa, repas.   Amu, manger.
Uonoraa, blancheur. Uono, blanc.

Le genre s'exprime par les mots tane (homme) et vahine (femme), que l'on ajoute aux noms d'hommes.

Par ceux de ovi (mâle) et ufa (femelle), devant les noms d'animaux.

Et par ceux de otané et ovahiné devant les noms des plantes.

Ainsi :

Ravai-tane, ravai homme.   Ravai-vahine, ravai femme.
Ouri ovi, chien.   Ouri ufa, chienne.
Vivita-o tane, papayer mâle.   Vivita ovahine, papayer femelle.

Le mahori n'a pas de déclinaison et la remplace
par des articles.

Ainsi :

Te ro,	la fourmi.
No té ro,	de la fourmi.
I té ro,	à la fourmi.
Té ro,	la fourmi.
É té ro,	ô fourmi.

Les noms sont invariables, et le nombre pluriel
est indiqué par le préfixe mau.

Ainsi :

Te mau ro,	les fourmis.
No té mau ro,	des fourmis.
I te mau ro,	aux fourmis, etc...

Les adjectifs expriment le pluriel par un redoublement initial ou final.

Ainsi :

Maitai, bon.	Maitatai,	bons, redoublement final.
Ino, méchant.	Iino	méchants, redoubl. initial.

Nous avons dit que le mahori n'avait pas de verbe;
l'idée d'action se rend en effet par un nom, à l'aide
de préfixes et de suffixes qui expriment les différents
temps.

Ainsi, ravé signifie opération, travail; il devient

verbe en le faisant précéder des préfixes et suffixes
suivants et des pronoms personnels : je, tu, il, etc...

PRÉSENT.

Té ravé nei au,	je prends	(au	je).
Té ravé nei oè,	tu prends	(oè,	tu).
Te ravé nei oia,	il prend.	(oia,	il).
Té ravé nei tatou,	nous prenons	(tatou,	nous).
Te ravé nei outoù,	vous prenez	(outou,	vous).
Te ravé nei rotou,	ils prennent	(rotou,	ils).

Préfixes et suffixes changent avec les temps
Ainsi que nous venons de le voir :
Té est le préfixe et nei le suffixe du présent

Té ravé nei au, je prends.

Voici les préfixes et suffixes des autres temps:

IMPARFAIT.

Prefixe té, suffixe ra.

Té ravé ra vau, je prenais (vau au lieu de au, je,
par euphonie).

PASSÉ.

Préfixe i seulement.

I ravé au, je pris.

PASSÉ INDÉFINI.

Préfixe i, suffixe na.

I ravé na vau, j'ai pris.

PLUS-QUE-PARFAIT

Préfixe na, suffixe ra.

> Na ravé ra vau, j'avais pris.

FUTUR.

Préfixe é seulement.

> É ravé au, je prendrai.

FUTUR DIT ANTÉRIEUR.

Préfixe na seulement.

> Na ravé au (i reira), j'aurai pris (*alors*).

CONDITIONNEL.

Préfixe é seulement.

> É ravé au (ahiri), je prendrais (si).

IMPÉRATIF.

Préfixe a seulement.

> A ravé oé, prends.

SUBJONCTIF PRÉSENT.

Préfixe ia seulement.

> Ia ravé au, que je prenne.

IMPARFAIT.

Préfixe ia, suffixe ra.

> Ia ravé, ra vau, que je prisse.

PLUS-QUE-PARFAIT.

Préfixe ia, le suffixe invariable est remplacé par la phrase i reira e tia ai.

Ia ravé au i reira e ti ai, j'aurai prenant été alors.

INFINITIF.

Préfixe té.

Té ravé, prendre.

PASSIF PRÉSENT.

Préfixe té, suffixe hia vei.

Té ravé hia vei, je suis pris.

IMPARFAIT.

Préfixe té, suffixe hia ra.

Té ravé hia ra vau, j'étais pris.

PASSÉ.

Préfixe i, suffixe hia.

I ravé hia vau, je fus pris.

PLUS-QUE-PARFAIT.

Préfixe ua, suffixe hia ra.

Ua ravé hia ra vau, j'avais été pris.

FUTUR.

Préfixe é, suffixe hia.

É ravé hia vau, je serai pris.

FUTUR ANTÉRIEUR.

Préfixe ua, suffixe hia.

Ua ravé hia au, j'aurai été pris.

CONDITIONNEL PRÉSENT.

Préfixe é, suffixe hia, et, après le pronom vau, ahiri, qui peut être considéré également comme un suffixe.

É ravé hia vau ahiri, je serai pris *alors*.

PASSÉ.

Préfixe ua, suffixes hia et ahiri.

Ua ravé hia vau ahiri, j'aurais été pris *alors*.

IMPÉRATIF.

Préfixe a, suffixe hia.

A ravé hia vau, sois pris.

SUBJONCTIF PRÉSENT.

Préfixe ia, suffixe bia.

Ia ravé hia vau, que je sois pris.

IMPARFAÌT.

Préfixe ia, suffixe hia ra.

Ia ravé hia ra vau, que je fusse pris.

PLUS-QUE-PARFAIT.

Préfixe ia, suffixe hia ra, et le participe i reira, été.

Ia ravé hia ra vau i reira, que j'aie pris été.

INFINITIF.

Préfixe té, suffixe hia.

Té ravé bia, être pris.

PARTICIPE.

Suffixe hia seulement.

Ravé hia, été pris.

Pour exprimer une chose prise, on place à la suite du verbe le suffixe raa des adjectifs : té ravé raa, la chose prise, la prise.

Le redoublement dans les verbes indique le duel lorsqu'il tombe sur la première syllabe du mot, et il indique le pluriel ou la répétition de l'action lorsqu'il est fait sur d'autres syllabes que la première.

Horo, courir.. Hohoro, courir à deux.
Horohoro, courir plusieurs ou courir plusieurs à la fois.

Il n'y a que trois exceptions à cette règle :

Hahoure ne signifie pas marcher à deux, mais marcher plusieurs fois ;

Pararahi, ne signifie pas rester à deux, mais rester en arrière ;

Et parahirahi ne signifie pas rester plusieurs, mais rester peu de temps.

O est le signe du diminutif :

Ereiri, noir.   Oéreiri, noirâtre.
Fati,   briser. Ofati,   briser en petits morceaux.

Faa, haa, ta et ti, lorsqu'ils se placent devant les mots, forment des participes presque toujours actifs.

Faa et haa indiquent une action faite ou causée même accidentellement.

Ta et ti, moins usités, indiquent une action faite volontairement et personnellement.

Ta, devant un substantif, ajoute l'idée de faire usage et en fait un verbe.

Tipi, couteau ; ta tipi, qui use du couteau, couper.
Papé, eau ; ta papé, qui se sert d'eau, arroser.
Avaé, escabeau ; ta vaé, user d'escabeau, s'asseoir.

Par exemple, ta, placé devant le nom d'un membre d'un être vivant, n'indique plus que des significations arbitraires consacrées par l'usage :

Vaha, bouche;

ta vaha ne signifie pas user de la bouche, manger, mais brider.

Haa et faa, devant un substantif, en font un verbe qui exprime l'action de donner la chose que représente ce substantif :

Vaa, pirogue. Faa vaa, donner une pirogue.

Haa, devant le nom d'un animal, exprime l'action d'agir comme lui ou l'idée de lui ressembler :

Ouri, chien. Haaouri, agir comme un chien, lui ressembler.

Ces exemples que nous donnons pour mieux faire comprendre cette syntaxe rudimentaire, peuvent servir de règle et s'appliquent à tous les mots, qui deviennent ainsi, à volonté, substantifs, adjectifs ou verbes.

Il ne nous reste plus qu'à donner la liste des pronoms, et nous aurons mis sous les yeux du lecteur, tout ce qui compose la grammaire de la langue mahorie.

PERSONNELS.

Je, moi,	o, au.	Nous,	taua.
Toi, tu,	o, oé.	Vous,	o outou.
Il,	oia.	Ils,	rava.

Tous ces pronoms reçoivent l'article.

Un seul exemple pour tous :

O-oé,	toi.
No-oé,	de toi.

Ia-oé,   à toi.
Ia-oé,   toi.
È-oé,   ô toi.
È-oé,   par toi.

POSSESSIFS.

Le mien, to u. Le tien, to oé. Le sien, to ua. Le nôtre, to maua. Le vôtre, to oé, ta outou.

DÉMONSTRATIFS.

Ce, celui, té-oté. Ceci, celui-ci, eié, eié-nei, teié, teié-nei.

RELATIFS.

Qui, lequel, etc., sujet o té, régime ta, to.
Dont, duquel, ta, to.

INDÉFINIS.

L'un, l'autre, te tohi, té hoé.
L'idée du duel est exprimée raua.

Comme on le voit, bien simple est ce mécanisme, aussi est-il possible à un étranger de parler couramment cette langue en quelques mois. Son accession à l'agglutination n'a pas donné au mahori le moyen de s'enrichir; il est peu d'idiomes, en effet, qui soient aussi pauvres que lui, et nous n'estimons pas que l'indigène le plus cultivé, fasse usage de plus de deux cents mots dans la conversation.

Toutes les traditions sont d'accord sur ce point, que ce langage a été plus riche autrefois. Nous avons même connu, à Taïti, deux vieillards qui prétendaient avoir vu le capitaine Cook et qui n'étaient pas compris de la population présente, parce qu'ils parlaient encore la vieille langue religieuse, celle des orero et des maraës.

Le mahori, nous l'avons dit, appartient à la division des langues agglutinantes. Il est intéressant de voir maintenant dans quel groupe ethnographique les populations qui le parlent peuvent être rangées.

La genèse océanienne débute comme celle de Manou :

« Dans le principe il n'y avait rien, et le dieu suprême Jhoiho-Taaroa habitait dans le vide. Il créa d'abord les eaux, dont il recouvrit les abîmes, et le dieu germe Tino se mit à flotter à la surface.

* * *

« Taaroa, le dieu suprême, laissa tomber dans le sein des eaux l'œuf primitif Ruméa, aussi brillant que le soleil, et cet œuf fut fécondé.

* * *

« L'œuf resta l'espace de neuf mois dans l'élément liquide et, s'étant brisé par la force des vagues, il en sortit le ciel et la terre.

* * *

« Taaroa unit alors son principe mâle à son principe femelle, la déesse Ina, et il produisit Oro, le

dieu créateur, qui pendant de longs mois flotta à la
surface des abîmes... »

De son côté, la genèse de Manou commence
ainsi :

« Ce monde était dissous dans le non-être, imper-
ceptible, sans propriété distincte, ne pouvant tomber sous les sens, ni être imaginé par la pensée :
c'était le sommeil de la nature.

*
* *

« Quand vint l'heure du réveil, celui qui existe
par lui-même, qui n'est pas à la portée des sens externes, développant la nature avec les cinq éléments
et les principes subtils, parut brillant de lumière, et
sa présence chassa la nuit.

*
* *

« Celui que l'intelligence seule conçoit, qui
échappe aux sens, qui est sans partie visible, éternel, âme universelle, que nul ne peut définir ni
comprendre, développa sa puissance.

*
* *

« Il résolut dans sa pensée de tirer de sa propre
substance tous les êtres, et il déposa dans les eaux

qu'il créa premièrement le germe de la vie universelle.

*_**

« Ce germe était contenu dans un œuf d'or aussi
brillant que l'astre éclatant du jour, et dans lequel
Brahma, le seigneur de tous les êtres, déposa une
parcelle de sa pensée immortelle, fécondée par sa
volonté.

*_**

« Les eaux ont reçu le nom de Naras parce qu'elles
étaient une émanation de l'Esprit divin — Nara —
et les eaux ayant été le premier lieu de mouvement
— Ayana — de Nara. De là l'esprit divin créateur a
été appelé Narayana, *celui qui se meut sur les eaux.*

*_**

« De celui qui est, de cette cause immortelle qui
existe pour la raison et n'existe pas pour les sens est
né Pouroucha le mâle divin, fils de Brahma.

*_**

« Il resta dans l'œuf d'or l'espace d'une année divine, et par le seul effort de sa pensée le partagea
en deux.

*_**

« Et ces deux parties formèrent le ciel et la terre,

et le milieu fut l'atmosphère, le réservoir permanent des eaux, là aussi furent les quatre points principaux et les quatre points intermédiaires.......

*
* *

« Or, ayant divisé son corps en deux parties, Nara, l'esprit divin, devint moitié mâle et moitié femelle, et s'unissant à cette partie femelle — l'immortelle déesse Nari — il engendra Viradj. »

Il est inutile de pousser plus loin la citation.

Comme toujours, la conception indoue est plus élevée, plus philosophique, mais est-il possible de ne pas voir les liens de parenté qui les unissent :

En face de la trinité indoue :

> Brahma ou Nara, le père.
> Nari, la mère.
> Viradj, le fils.

qui se résout plus tard dans la trinité manifestée :

> Brahma, le créateur.
> Vischnou, le conservateur.
> Siva, le transformateur.

l'Océanie présente sa trinité qui se forme de la même manière.

Yhoiho-Taaroa, le père.

Ina, la mère.

Ora, le fils.

Aux quatorze grands dieux de l'Inde:

Indra, Dieu des sphères célestes.

Varouna, dieu des eaux.

Agni, dieu du feu.

Pavana, dieu du vent.

Yama, dieu des régions infernales.

Couvéra, dieu des richesses.

Kartilkeia, dieu de la guerre, aussi appelé Hara-Kala.

Cama, dieu de l'amour, du printemps et des fleurs.

Sourya, dieu du soleil, qui préside aux saisons.

Soma, déesse de la lune.

Ganésa, dieu qui préside aux portes des temples, qui éloigne les obstacles et préside aux entreprises heureuses.

Pouléar dieu des champs, qui veille aux bornes et à la conservation des héritages.

Neiritia, dieu du commerce et des voleurs.

Et Isania, dieu qui protége les cultivateurs et les travaux des champs.

L'Océanie oppose :

Tané, le premier des dieux inférieurs, dieu des mers.

Manutéhaha, dieu des enfers.

Uretaetae, juge des enfers.

Ra, dieu du soleil, préside à la lumière, aux moissons et à la croissance des fleurs et des fruits.

Thi, dieu chargé de conserver les bornes des héritages.

Toa, dieu de la guerre.

Marama, dieu de la lune, fille de l'union incestueuse d'Oro, le dieu suprême et de Marama, sa sœur, épouse du Tané. (Cette légende ressemble à celle d'Osiris et de Nephtys en Égypte).

Hita, dieu du feu.

Hiro, dieu des voleurs.

Fahaa, dieu des richesses (a donné son nom au district le plus fertile de Taïti).

Roha, dieu qui préside à l'union des sexes.

Mara, dieu de la pêche.

Les Maraës ou temples polynésiens étaient connus dans l'Inde, en Grèce et à Rome, entourés de bois sacrés.

De même que chaque pagode indoue avait ses brahmes et ses fakirs, chaque maraë avait ses oreros et ses illuminés.

La constitution de la famille fut la même que celle de la famille asiatique et, circonstance bien curieuse à noter à cause du point de contact qu'elle indique entre les civilisations du Gange et celles du Pacifique, c'est le fils qui officiait aux cérémonies funéraires du père.

Lorsqu'un homme était mort, sa dépouille n'était pas accompagnée au champ du repos par les oreros ou prêtres, ni aucuns des desservants des temples. C'est au fils aîné qu'il appartenait d'ensevelir son père ou sa mère décédés, et de prononcer sur leur tombe les prières expiatoires qui devaient, les laver de leurs souillures, et d'invoquer les génies familiers qui devaient accompagner leurs âmes à Tupaï et les défendre devant le juge suprême.

La société polynésienne était primitivement divisée en quatre castes, et, à l'exemple de l'Inde, ces castes étaient considérées comme ayant été établies par Dieu dès le début de la création.

Les prêtres. . . . Oreros.
Les rois. . . . . Arii.
Les propriétaires
Et cultivateurs. . . Raatiras.
Les esclaves. . . Manahunes.

Tout mélange et alliance par mariage étaient sévèrement prohibés entre ces différentes castes.

N'est-il pas singulier de remarquer qu'alors que les gens de caste royale portaient dans l'Inde le titre d'Aryas,

Ceux d'Océanie portaient celui d'Arii.

Doit-on penser que toutes ces ressemblances, accidentelles entre les croyances et coutumes de l'Indoustan et de la Polynésie, sont le fait d'un pur hasard, et doit-on repousser toute parenté entre les deux peuples des deux pays, parce que les racines des langages qu'ils parlent ne sont pas réductibles à un type commun ? Si nous étions aussi facile à l'hypothèse que les linguistes dont nous avons rapporté les doctrines, nous dirions :

Est-ce que les racines des langues de ces peuples ne peuvent pas, dans la très-haute antiquité, avoir été réductibles à un type commun qui a disparu ?

Et de cette supposition, fort acceptable en somme, probable même, nous ferions notre argument du singe précurseur qui lui aussi a disparu. Il nous suffirait, pour cela, d'affirmer énergiquement l'existence de ce type commun, par un raisonnement dans le genre de celui qu'adoptent les partisans du chimpanzé fait homme.

Ces nombreuses similitudes, ces conceptions identiques, qui n'ont rien d'absolu, qui ne peuvent pas, comme les mathématiques naître chez des peuples qui n'auraient jamais eu aucun point de contact, ne peuvent s'expliquer, nous l'avons déjà dit autre part [1], que par l'existence d'un ancien continent

1. *Histoire des Vierges.*

polynésien, qui se soudait à l'est au grand continent asiatique.

Les trois sommets actuels de ce continent disparu, îles Sandwich, Nouvelle-Zélande et île de Paques, sont éloignés les uns des autres de quinze à dix-huit cents lieues, et les groupes d'îles du centre, Viti, Samoa, Tonga, Foutouna, Ouvéa, Marquises, Taïti, Pomuntou, Gambiers sont eux-mêmes distants de ces points extrêmes de sept à huit cents lieues.

Tous les navigateurs sont d'accord sur ce point, que les groupes extrêmes et les groupes du centre n'ont jamais pu communiquer entre eux dans leur situation géographique actuelle, et avec les seuls moyens de navigation qui étaient en leur possession.

Il est matériellement impossible de franchir des distances de quinze à dix-huits cents lieues en pirogue ; et en outre de l'insuffisance de l'embarcation, comment se diriger sans boussole, comment voyager des mois sans vivres ?

Cela ne supporte pas l'examen.

D'un autre côté, les naturels des Sandwich, des Viti, de la Nouvelle-Zélande, des groupes du centre, Samoa, Taïti, Gambiers, de l'île de Pâques et des îles Marquises, *ne se connaissaient pas, n'avaient jamais entendu parler les uns des autres* avant l'arrivée des Eu-

ropéens. Et tous *cependant prétendaient que leur île fai-*
sait partie autrefois d'une immense étendue de terrain qui
s'étendait vers l'ouest du côté de l'Asie. Et tous, mis en
présence les uns des autres, ont parlé la même langue, ont accusé les mêmes usages, les mêmes coutumes, les mêmes croyances religieuses. Tous, à cette
question : Quel est le berceau de votre race ? pour
toute réponse *étendaient la main du côté du soleil cou-*
chant.

L'existence de ce continent disparu, qui n'était
que le prolongement de l'Asie dans le Pacifique, a
été prouvée par les sondages du voyageur Russell,
qui pour ce fait a reçu la grande médaille d'or des
sociétés de géographie de Paris et de Londres.

Y a-t-il là des peuples d'origine commune?

L'ethnographie dit *peut-être !*

La linguistique franco-allemande, avec ses radicaux irréductibles, dit non.

Nous discuterons ses titres au groupe des Indo-
Européens.

Là encore nous sommes en présence de peuples et
de civilisations qui, après avoir occupé un certain
rang, sont aujourd'hui en complète décadence.

CHAPITRE VII.

GROUPE AUSTRALIEN.

Les langues australiennes et papous, quoique encore fort mal étudiées, sont rangées parmi les langues agglutinantes. On ignore complétement quels sont les rapports qu'elles soutiennent entre elles; mais il est certain qu'elles ne ressemblent pas plus au mahori que nous venons d'étudier, que les habitants tout à fait primitifs qui les parlent, ne ressemblent aux peuples de la Polynésie.

Ici la forme agglutinative, très-rudimentaire du reste, comme celle que l'on a reconnue à certains idiomes grossiers de quelques peuplades nègres de l'Afrique, ne rend point les groupes qui l'ont adoptée supérieurs, comme civilisation, aux peuples de l'Asie, qui en sont encore au monosyllabisme. Nous sommes en présence d'une exception absolue à la règle que nous avons posée, relativement au rapport

qui existe entre l'état du langage d'un peuple, et son
degré d'avancement dans la hiérarchie intellectuelle,
et c'est à ce titre, bien qu'on ne puisse à aucun
point de vue rattacher les Australiens et les Papous
aux populations de l'Asie, que nous signalons la division morphologique à laquelle appartiennent les
idiomes qu'ils parlent.

Nous ne pouvons pas, comme pour les peuplades
du nord de l'Amérique, la race cafre, et les Polynésiens, entrevoir un état de civilisation antérieure
qu'un genre de vie nouveau, des climats différents
et l'isolement aurait précipitée dans la décadence ; et
si nous adoptions pour un instant ce qui, nous l'a-
vons dit, ne nous répugne nullement, l'hypothèse
de l'homme-singe que nous ne repoussons énergiquement qu'en tant qu'affirmation absolue servant à expliquer l'origine du langage, et une multiplicité indéfinie de races, nous dirions qu'Australiens et Papous, ne sont pas très-éloignés de leur ancêtre.

CHAPITRE VIII.

GROUPE OURANO-ALTAÏQUE.

Le groupe général des langues ourano-altaïques se divise en cinq groupes particuliers :

1º Le groupe samoyède, qui se parle dans l'Asie occidentale et la Sibérie, et, en Europe, à l'est de la mer Blanche, sur les côtes russes de l'océan Glacial.

Il comprend le yourake, le tanghi, le samoyède yénissein et le samoyède ostiaque.

2º Le finnois, que MM. Donver et Hovelacque divisent en cinq sous-groupes :

1º Finnois oriental : suomi, karélien, vepse, live, krévin, esthonien et vote.

2º Lapon.

3º Finno-permien : zyriènc, permien, votiaque.

4º Finnois du Volga : mordvine, tchérémisse.

5º Ougrien : magyar, vogoul, ostiaque.

D'après les auteurs que nous venons de citer, le

suomi se parle dans une grande partie de la Finlande; le karélien longe le territoire lapon et va de l'est de la mer Blanche au lac Ladoga. Le vepse au sud de ce dernier lac, et le krévin en Courlande.

L'esthonien occupe la partie méridionale du golfe de Finlande et une partie de la Livonie.

Le live, une partie très-minime de la pointe nord de la Courlande.

Le lapon, l'extrême nord-ouest de la Russie, et quelques régions du nord de la Suède et de la Norvége.

Le tchérémisse est porté sur la rive gauche du Volga, à l'est de Novogorod.

Le mordvine, à l'est et à l'ouest du Volga, à la hauteur de Simbirck Stavropol et Zamara.

Le permien, à l'ouest de la rivière Kama à la hauteur de Solikausck.

Le vogoul et l'ostiaque, sur les rives de l'Ob.

Le maggyar de l'ouest occupe l'espace compris entre les villes de Presbourg, Unghvar, Nagy-Banya, Neusatz, Hunt et Limbach, au sud il occupe une partie du royaume de Hongrie.

3º Le groupe turc ou tatar qui se subdivise en cinq sous-groupes.

1º Le Yakout, qui se parle dans la Sibérie du nord-est.

2º Le kirghiz, dans le Turkestan, jusqu'aux

frontières de Chine, à l'ouest de la mer d'A-
ral, et au nord de la Caspienne.

3° Le ouïgour, le long des frontières qui séparent la Sibérie de la Chine.

4° Le nogaïque, à l'embouchure du Volga, à
Astrakhan, entre la mer Noire et la mer Caspienne, et dans quelques districts au nord de
la mer d'Azov.

5° Le turc qui est la langue officielle de la Tur-
quie.

4° Le groupe mongol, qui comprend trois dialectes.

1° Le mongol oriental, qui se parle en Mon-
golie.

2° Le kalmoukh, sur la rive gauche de la Caspienne et à l'embouchure du Volga.

3° Le bauriate, aux environs du lac Baïkal, dans
la Sibérie du Sud.

5° Le groupe tongouze qui se subdivise en trois
branches.

1° Le mandchou, qui se parle dans le nord-est
de la Chine.

2° Le lamoute, dans les mêmes contrées plus
au nord.

3° Le tongouze proprement dit, qui se parle
dans la Sibérie centrale.

Nous ne nous étendrons pas beaucoup sur ces cinq

groupes de langues, dont les radicaux, aucun linguiste ne peut le nier, sont réductibles, et la linguistique est d'accord avec l'histoire et l'ethnographie pour faire de tous les peuples qui les parlent une seule et même race. Leur origine asiatique ne saurait également être repoussée par personne ; plussieurs de ces langues sont restées en pleine Asie, et, quant aux autres, elles ne sont parvenues en Europe que par des émigrations dont l'histoire a pu suivre les traces.

Il est donc inutile de nous occuper de leurs traditions, puisque nous n'avons pas à démontrer, comme par le passé, que les conclusions de la linguistique, ne sont pas d'accord avec celles de l'ethnographie.

Un mot cependant sur les traditions finnoises de la genèse du Kalevala. Voici l'analyse rapide de la première runo (chant) de ce poëme [1].

Au commencement, il n'existe rien que les nuits et les jours qui tombent sur le monde.

Ukko, le Dieu suprême et irrévélé, s'unissant à Ilma, sa force génératrice, produisit la vierge Luonnotar dont le nom signifie force de la nature. Luonto force créatrice, nature.

Comme Nari la vierge indoue, Luonnotar, la vierge finnoise flotte sur les eaux, elle recueille de la

1. *Histoire des Vierges.*

mer un germe qui la rend féconde, et celui qui doit naître d'elle est celui que nul n'a engendré.

La vierge flotte, flotte sur l'onde, son sein fécondé tressaille, elle appelle Ukko, le dieu suprême, à son secours, la plainte est entendue et l'être suprême, sous la forme d'un aigle, dépose dans le giron de la vierge six œufs d'or et un œuf de fer, et les œufs en se partageant forment le ciel, la terre et les astres.

Puis la vierge donne naissance à l'éternel Waïnamoïnen, celui que nul n'a engendré, et ainsi se trouve formée la trinité finlandaise :

> Ukko, le père.
> Luonnotar, la mère.
> Waïnamoïnen, le fils.

Et de même que Viradj, le fils, dans la conception indoue, continue la création, Waïnomoïnen achève l'œuvre de Ukko et de sa mère Luonnotar.

Il est inutile d'insister sur la parfaite concordance qui existe entre ces spéculations mystérieuses et celles de la cosmogonie indoue.

CHAPITRE IX.

LE GROUPE JAPONAIS-CORÉEN.

Ces langues appartiennent sans conteste au groupe indo-asiatique, et peuvent être, nous le croyons, placées dans le sous-groupe ourano-altaïque. Inutile, dès lors, de dire qu'elles sont agglutinantes.

On avait cru longtemps que le japonais était un dérivé du chinois; cette erreur a rapidement disparu dès qu'on a comparé les deux langues.

Les Japonais comprennent le chinois écrit, parce qu'en outre des nombreux alphabets dont ils se servent, ils ont encore adopté l'écriture chinoise. Or, cette écriture étant idéographique et non phonétique, il suit de là que les Japonais comprennent le chinois comme les différents peuples de l'Europe, nous avons déjà fait cette comparaison, voient s'éveiller en eux les mêmes idées à la lecture des chiffres, bien que tous ne les traduisent pas phonétiquement de la même manière.

Les Japonais possèdent, pour écrire leur langue, six genres différents de caractères.

Le premier, appelé kata-kana, — partie de lettres, — a été formé, comme son nom l'indique, avec les caractères simplifiés du chinois. Ce genre de caractère s'emploie, concurremment avec les signes chinois, pour en préciser la prononciation, ou la signification, ou pour indiquer une forme grammaticale spéciale à l'idiome. La tradition attribue l'invention de ce syllabaire à un sage, du nom de Kibi, qui vivait au VIIIᵉ siècle, et avait longtemps voyagé en Chine.

Le second caractère est appelé hira-kana, — écriture égale, — c'est-à-dire qui s'écrit sans se mélanger avec aucune autre. Il est en effet susceptible d'être employé seul pour la langue japonaise, sans qu'il soit besoin de recourir au chinois.

Le troisième syllabaire porte le nom de sittan, ou écriture sacrée ; il se compose de quarante-sept lettres, et a été apporté de l'Inde avec le bouddhisme. Il est à l'usage exclusif des prêtres.

Le quatrième syllabaire porte le nom de ziakou-kana, ou nourriture de Ziakou.

A ce sujet, les traditions japonaises racontent :

« Qu'en l'année qui correspond à 1000 de notre ère, un prêtre de Bouddha, nommé Ziakou-so, partit du Japon pour porter le tribut en Chine ; il ne comprenait pas le chinois parlé, mais, comme il l'écrivait très-bien, il lui fut demandé de dresser une liste des caractères chinois, et d'indiquer par des signes leur signification en japonais. Ce fut alors qu'il composa ces signes, qu'il ramena à quarante-sept lettres, pour son pays, en l'honneur du dialecte sacré rapporté de l'Inde qui en comptait autant. »

Ce syllabaire se mélange quelquefois des signes hira-kana.

Le cinquième caractère reçoit le nom de manyokana, qui peut se traduire l'*écriture des chants* ; c'est avec ces signes que fut écrite la célèbre collection d'hymnes appelée les *Dix mille Feuilles*. Il s'emploie rarement avec ses seuls signes, et se mélange avec ceux des autres syllabaires. C'est un dérivé de l'écriture chinoise.

Le sixième syllabaire est connu sous le nom de yamato-kana, ou écriture japonaise, du vieux mot Yamato, qui signifie Japon ; il est formé de caractères chinois excessivement modifiés.

« Tous les caractères japonais, dit M. de Jancigny, à l'exception du hira, s'emploient rarement seuls.

Ordinairement on entremêle les caractères de deux
ou trois d'entre eux, sans aucune règle, ce qui rend
le tout beaucoup plus difficile à déchiffrer. Et comme
si la difficulté n'était pas encore assez grande, les
caractères chinois s'entremêlent çà et là, avec ou
sans l'indication de leur signification, et cela tout à
fait selon le caprice de l'écrivain. De sorte que, si
l'on considère d'abord le nombre des signes de chacun des syllabaires et de leurs variations qu'on peut
appeler caractères synonymes, ce qui fait un total
de près de trois cents ; si ensuite on songe à l'emploi
illimité que les Japonais font des caractères chinois
dans l'écriture cursive et de forme ordinaire, on
avouera que les savants du Japon ont réussi à rendre leur langue une des plus difficiles à lire du
monde entier, si toutefois elle ne tient pas le premier rang à cet égard. Les rapports qui existent
entre ces deux langues sont si intimes et si nombreux, qu'avant de pouvoir faire des progrès satis-
faisants dans la littérature de sa propre langue, le
Japonais qui étudie doit acquérir la connaissance de
trois à quatre mille caractères chinois ; il doit en
outre s'exercer à connaître l'emploi qu'en ont fait
les écrivains de son pays, les divers modes de combinaisons dans les deux langues, et les différentes
manières d'écrire le même caractère. Aussi, comme
on peut aisément le supposer, le savant a dû con-

sommer une grande partie de son temps à apprendre simplement à lire et à écrire ; et pour achever de faire comprendre combien de difficultés matérielles il a à surmonter dans cette étude ingrate avant d'arriver à lire ou écrire rapidement, nous ferons observer que plusieurs des caractères chinois usuels sont employés sans indication, soit de leur signification, soit de leurs sons, et que les caractères qui ont été expliqués une fois reparaissent sous leurs signes explicatifs quand ils sont répétés bientôt après. »

Comme on le voit, l'écriture est la principale difficulté de la langue japonaise. M. de Rosny, le savant professeur de japonais à l'École des langues orientales, assisté de quelques érudits japonais, tente en ce moment une réforme qui, si elle est couronnée de succès, est de nature à augmenter dans une proportion notable les relations déjà si importantes de l'Europe avec ce pays, et à faire marcher plus rapidement encore la grande œuvre de régénération qui s'accomplit au Japon. Cette réforme consiste à remplacer tous les différents syllabaires actuellement en usage par l'alphabet latin.

Les idiomes coréens possèdent une écriture toute spéciale qui, jusqu'à présent, passe pour autochthone.

Comme pour le groupe précédent, on ne saurait

nier aux groupes japonais et chinois leur qualité d'asiatiques.

Nous nous bornerons donc à dire quelques mots de la genèse japonaise qui se rattache étroitement à celle de l'Inde.

D'après la doctrine du sinsyou[1], appelée aussi kami no nitsi, la voie des Dieux, l'échelle progressive des êtres,

Du sein du chaos primitif, un Dieu suprême, qui n'a eu ni commencement ni cause, et n'aura pas de fin, se révéla pour la création. Son nom composé indique son éternité et sa puissance.

Ame-no-mi-naka-nusino-kami.

Comme le Brahma indou, ce dieu n'est pas le créateur direct ; il divise son corps en deux parties : l'une mâle, qui reçoit le nom

d'Iza-na-gino-mikoto,

l'autre femelle, qui se nomme

Iza-na-mino-mikoto.

Ces noms composés indiquent également les qualités particulières de ces deux divinités chargées de la création.

Iza Nagi dit à sa compagne Iza-Nami :

---

1. *Histoire des Vierges.*

« Vois l'immense étendue des eaux qui s'agite autour de nous; il faut en faire sortir la terre habitable. »

Le dieu, alors, ayant plongé dans l'abîme, souleva avec une lance d'or des masses de boue et d'eaux, et fit sortir successivement les différentes îles qui forment le Japon.

Iza-Nagi s'unissant ensuite à Iza-Nami, ils donnèrent naissance à tous les êtres animés et inanimés de l'univers.

Iza-Nagi, s'incarnant plus tard dans le sein d'une vierge mortelle comme le Vischnou indou, vint se manifester sur la terre sous le nom de

Zin-monten-wou.

C'est à lui qu'on attribue la fondation du culte primitif des Japonais. Il donna un code de lois, enseigna l'agriculture, et, sa mission terminée, il remonta au ciel, laissant un fils sur la terre qui fut l'ancêtre des mikados ou chefs religieux du Japon.

Le sinsyou n'est qu'un brahmanisme modifié à l'usage du Japon, qui rendit plus facile la seconde invasion des conceptions de l'Inde par le bouddhisme.

De plus en plus nous acquérons cette conviction que le brahmanisme avait, par les mêmes chemins

et les mêmes moyens que le bouddhisme, pénétré
dans toute l'Asie bien avant ce dernier, et qu'il
composa le fond commun de toutes les traditions
que nous retrouvons aujourd'hui. Ce fait explique
du reste la facilité avec laquelle le bouddhisme s'est
imposé plus tard à ces différents peuples qui, éloignés du centre de l'expansion brahmanique et n'é-
tant pas soumis à l'inflexible unité religieuse imposée aux Indous, n'ont pas dû trouver une grande
différence entre la croyance ancienne et la croyance
nouvelle.

CHAPITRE X.

ACCADIENS ET SUMMÉRIENS.

Avant de clore cette revue des langues agglutinantes, et des traditions primitives des peuples qui
les parlent, il nous paraît utile de dire quelques
mots d'une langue que l'on prétend disparue, et
dont certains savants se sont faits les parrains.
Nous voulons parler de cet idiome singulier, que les
uns nomment accadien et les autres summérien.

Nous avons retourné cette question sous toutes
ses faces, et fort longuement, dans notre ouvrage
la Genèse de l'Humanité; nous n'y reviendrons donc
pas d'une manière aussi complète, car nous ne pourrions faire autre chose que de citer textuellement ce
premier travail; mais il entre dans le cadre de notre
sujet actuel de poser nettement le problème et d'indiquer comme nous l'avons résolu.

Il est hors de doute que les anciennes civilisations

et les primitifs habitants de la Caldéo-Babylonie ne sont point nés sur le sol même où ils se sont développés.

M. Lenormand, un des partisans les plus acharnés du mythe touranien, en reconnaissant le fait, résume les autorités de la manière suivante :

« La diversité des races d'hommes et des langages dans la Babylonie et la Chaldée est un fait qui a frappé tous les anciens. Dans l'intérieur de Babylone même il se parlait, au temps du dernier empire chaldéen, des langues différentes qui souvent n'étaient pas comprises d'un quartier à l'autre. Aussi Eschyle appelle-t-il les habitants de cette ville πάμμιχτος ὄχλος « foule mêlée de toutes les origines.»

Et tous les édits des rois de Babylone rapportés dans le livre de Daniel commencent par ces mots : «On vous fait savoir, peuples, tribus, langues...» Le vaste commerce de Babylone et de la Chaldée, soit par mer, soit par terre, ainsi que les transplantations de captifs en grandes masses opérées par les rois conquérants, tels que Nabuchodonosor, avaient dû contribuer beaucoup à cette variété dans le sang et dans la parole des habitants du pays. Des éléments étrangers formant, comme les juifs, de véritables colonies avec leurs religions, leurs lois civiles parti-

culières et leur langage, étaient venus, à la suite
des événements guerriers, se juxtaposer sur le sol
des provinces inférieures du Tigre et de l'Euphrate
à la population primitive du pays et aux tribus araméennes que les textes cunéiformes nous montrent
déjà si développées dans la même contrée au VIIIᵉ siècle
avant notre ère... *Mais cette population était déjà mêlée
dès les temps les plus anciens où l'on puisse faire remonter
les souvenirs.* La tradition babylonienne voyait dans
la réunion d'éléments ethniques différents, en Chaldée et en Babylonie, *un fait primordial.* — « *Il y eut à
l'origine, à Babylone*, disait Berose en se faisant le rap-
porteur de ces traditions, *une multitude d'hommes de
diverses nations qui avaient colonisé la Chaldée.* »

Ainsi, en Babylonie :

1º Le fait historique est indéniable ; il se parlait
des langues différentes dès les temps les plus anciens
qui n'étaient souvent point comprises d'un quartier
à un autre.

2º Eschyle appelle les habitants de Babylone foule
mêlée de toutes les origines.

3º A ce rapport de Daniel, les rois babyloniens
étaient obligés de faire transcrire leurs édits en une
foule de langues.

4º D'après le prêtre chaldéen Berose, mieux à
même encore que nous d'expliquer les origines de

14

son pays : « Les primitives traditions babyloniennes rapportent que la Chaldée fut colonisée par une multitude d'hommes. »

5° Les inscriptions cunéiformes reconnaissent et confirment ce fait.

Ces points admis d'une manière indiscutable, il restait à résoudre cette question, si intéressante à tous les points de vue de l'histoire de l'ethnographie et de la linguistique.

D'où est venue cette foule mêlée, πάμμιχτος ὄχλος, cette multitude d'hommes de diverses races, parlant des langues différentes, qui ont colonisé la Chaldée ?

Pour la solution de cette question, un petit groupe de *savants*, soucieux avant tout d'orthodoxie religieuse, et qui détruiraient vingt civilisations plutôt que de donner tort à un texte de la Bible, inventèrent tout d'une pièce un système destiné à cadrer avec les besoins de la situation. Ils reprirent la légende d'Abraham sans autre effort d'imagination, se disant : ce qui s'est passé ici a pu se passer ailleurs ; et, sans s'inquiéter de savoir si la légende hébraïque n'était pas elle-même une absurdité ethnographique, ils la renouvelèrent aux environs de la Caspienne, placèrent dans ces pays *arides et désolés*, *séjour du diable, d'après le Zend-Avesta*, un bon patriarche du nom de Tour, et, l'ayant appelé Tour, ses descendants devenaient naturellement les touraniens.

Ce qu'il a été accompli d'exploits à l'aide de ces Touraniens ne saurait se dénombrer.

Dès qu'un peuple quelconque s'avisait d'avoir une origine, qu'on ne pût clairement rattacher à un groupe connu, indo-européen ou sémitique, et que, de plus, il parlait une langue avec formes agglutinantes, vite on en faisait un Touranien.

Samoyèdes, Finnois, Turcs, Tongouzes, Mongols, par cet acte de prestidigitation ethnographique, devinrent tous des Touraniens. Touraniens également les Hongrois...

Dans un langage très-académique et très-bienveillant, avec une pointe d'ironie assez accentuée, M. Renan a fait justice à la Société asiatique, de cette tendance à voir des Touraniens partout.

« Qu'il y ait eu, a-t-il dit, en Babylonie, avant l'arrivée des Sémites et des Aryens, une civilisation complète, que cette civilisation ait possédé en propre, et très-probablement créé l'écriture dite cunéiforme, c'est ce dont personne ne doute aujourd'hui. Si l'on prend le mot touranien comme synonyme de ce qui n'est ni sémitique, ni aryen, l'expression peut être exacte, mais nous n'y voyons pas grand avantage. Une classification des animaux en poissons, mammifères, et ce qui n'est ni poisson ni mammifère aurait peu d'emploi dans la science. Que si l'on entend touranien dans le sens étroit, et qu'on rattache cette antique substruction de la civilisation savante de Babylone aux races turques, finnoises, hongroises, à des races, en un mot, qui n'ont guère su que détruire, et qui ne se sont jamais créé une civilisation propre, nous avouons que cela nous étonne.

« Le vrai peut quelquefois n'être pas vraisemblable, et si l'on nous prouve que ce sont des Turcs, des Finnois, des Hongrois qui ont fondé la plus puissante et la plus intelligente des civilisations anté-sémitiques et anté-aryennes, nous croirons; toute considération *a priori* doit être surbordonnée aux preuves *a posteriori*. Mais la force de ces preuves doit être en proportion de ce que le *résultat a d'improbable*. » *In cauda venenum.*

Proclamer le résultat improbable avant même d'avoir reçu les preuves que l'on demande, est plus que de l'ironie, c'est du dédain. Ces pauvres Touraniens reçoivent là un rude coup... Mais l'éminent orientaliste ne se contente pas de cela ; pour lui le Touranien n'est pas un nom de valeur ethnographique, c'est un simple mot de classification, et encore ce mot a-t-il été inventé pour une classification qui n'est pas plus utile en ethnographie que

ne le serait, en histoire naturelle, la classification de
ce qui n'est ni poisson, ni mammifère.

En d'autres termes, le mot n'a pas de sens scientifique.

M. Hovelacque, qui, nous ne saurions trop le
répéter, est un guide sûr en linguistique, chaque
fois qu'il n'affirme pas l'existence de son *primate* d'une
manière indiscutable, est beaucoup plus dur que le
précédent orientaliste.

« Touranisme et touranisants ne sauraient être
pris au sérieux, dit-il, beaucoup d'aplomb les a
fait naître, un peu de critique les a bientôt ruinés.

« Il est fâcheux, en tout cas, que certains auteurs
fassent, à ce nom fantaisiste de langues touraniennes
l'honneur de le regarder — tout en le condamnant,
— comme un fait dont il n'y a plus à se débarrasser.
C'est pour cette condescendance même qu'on arri-
verait à lui donner encore quelques beaux jours,
sinon à l'implanter tout à fait. Le meilleur moyen
de le combattre est peut-être de n'en plus parler.
Le nom malencontreux de langues sémitiques répond au moins à un ensemble de choses bien défini,
on peut l'accepter sous toutes réserves, mais celui
de *Touranien* et de langues touraniennes n'est fait
que pour perpétuer les plus graves erreurs. »

De son côté, M. Halévy dit aux touranisants :

« Un peuple qui a vécu dans un pays pendant des milliers d'années ne disparaît pas sans laisser de nombreuses traces de son existence... Citez, je vous prie, un seul nom de montagne, de fleuve ou de ville qui soit dû à cette langue singulière que vous appelez touranienne?...

« L'existence même d'une nation touranienne (accade, — summérienne, kasdo-scythique ou kasdéenne), sur le bas Euphrate, renverse les notions les plus saines que l'ethnographie, aidée de l'histoire et de la géographie, a fournies jusqu'à présent sur l'ancienne population de cette contrée. »

Nous sommes entièrement de cet avis.

Cependant avant, non de poser notre opinion comme un fait indiscutable, mais d'exposer simplement sur la question une doctrine dont l'hypothèse soit d'accord avec l'ethnographie et l'histoire, il ne nous paraît que juste de céder, pour quelques instants, la parole à un défenseur du touranisme.

Répondant à M. Renan, M. Lenormand s'exprime ainsi :

Nous ne donnons que les extraits les plus saillants de cette réponse, trop longue à citer tout entière.

« M. Renan nous permettra de venir ici [1] discuter
et essayer de dissiper ses doutes, avec toute la défé-
rence qu'impose sa vaste science et l'autorité de son
nom.

« Et d'abord je le trouve, en général, bien sévère
pour la race touranienne; il semble la voir exclusivement au travers des dévastations des Gengis et
des Timour, et son jugement sur le rôle de cette
vaste famille de nations mérite appel. La race qui
a donné à l'Europe chrétienne un de ses plus grands
peuples, un des plus chevaleresques, des plus élo-
quents, le Hongrois qui, de plus, à l'extrémité septentrionale du continent européen, a produit chez
les Finnois un mouvement épique de la valeur du
Kalévala, qui avait une civilisation réelle avant l'arrivée des Scandinaves, chez ces mêmes Finnois dont
un voyageur économiste signalait hier encore l'aptitude beaucoup plus grande que celle du Russe proprement dit à s'approprier tous les progrès de la
culture moderne, — une telle race ne doit certainement pas être qualifiée comme n'ayant su que détruire. Moins souple, moins fin, plus épais et plus
lourd que les Hongrois ou les Finnois, l'élément
turc ne joue pas non plus un rôle exclusivement des-
tructeur dans l'histoire de l'islamisme; il y a ses
grands hommes, ses pages glorieuses, et il y déploie

[1] *Magie et origines accadiennes.*

surtout des aptitudes très-remarquables de gouvernement qui ont toujours fait défaut aux Arabes......

« Reste le fait de l'existence d'une population de Touraniens au sens le plus précis du mot, en Babylonie et en Chaldée, ayant précédé tous les autres habitants et possédant un certain degré de civilisation propre, analogue à la culture d'autres nations incontestablement touraniennes. Ce que M. Renan réclame surtout pour accepter ce fait, c'est un ensemble de preuves suffisamment fortes... Le savant académicien, que je m'efforce de convaincre, a dit lui-même avec raison : « Au point de vue des sciences historiques, cinq choses constituent l'apanage essentiel d'une race, et donnent droit de parler d'elle comme d'une individualité dans l'espèce humaine : une langue à part, une littérature empreinte d'une physionomie particulière, une religion, une histoire, une législation... » Une grande partie de ces conditions se trouve dès à présent réunie dans nos connaissances sur les Accads pour les rattacher à la souche touranienne et spécialement aux peuples ougro-finnois.

« Il y a d'abord la langue... nous en avons indiqué les caractères organiques et tout à fait décisifs suivant nous, qui doivent déterminer son classement linguistique.

« Pour la littérature, nous en avons certainement

une chez les Accads, une littérature marquée d'un cachet bien individuel et animée d'un souffle de vraie poésie, dans les morceaux subsistants du recueil liturgique, dans les incantations et les hymnes du grand recueil magique. A l'autre extrémité du domaine des nations touraniennes, des Finnois possèdent également une brillante littérature poétique... Nous avons constaté une singulière parenté d'esprit, de forme générale et même d'expression, dans des incantations accadiennes et finnoises, malgré cette différence absolue des milieux...

« Quant à la religion... En nous révélant un système religieux primitif et réellement indigène chez le peuple accadien, antérieur à la propagation et à l'adoption par ce peuple du culte des dieux communs à toutes les religions du groupe euphratico-tyrien, les livres magiques ont ouvert des perspectives nouvelles et inattendues sur un des côtés les plus significatifs de la question. Comparant les données du système de ces livres à la part antéiranienne du magisme médique, et à la mythologie finnoise, nous avons pu constater l'existence d'une famille particulière de religions, qu'il faut appeler touranienne, religions qui n'ont pas d'autre culte que la magie, et qui découlent du vieux fond de naturalisme démonologique demeuré à un état si rudimentaire et si grossier chez les tribus de la

Sibérie, celles des tribus du Touran qui sont restées le plus près des conditions primordiales de la race : car les circonstances qui ont pesé sur elles depuis les temps les plus antiques ne leur ont jamais permis d'atteindre à une vraie civilisation.

« Voilà donc trois des conditions essentielles à l'existence et à l'individualité d'une race, qui se trouvent remplies, de manière à rattacher clairement les Accads à des peuples types parmi les Touraniens comme les Finnois, malgré l'immense hiatus qui se présente entre eux, dans les temps et les espaces. L'histoire primitive des différents groupes touraniens, de leur dispersion et de leurs premiers essais de civilisation, ne pourra jamais être rétablie; on devra se contenter de bien constater les affinités linguistiques, ethnographiques, religieuses, qui prouvent leur origine commune. Tout au plus parviendra-t-on, pour les Accads spécialement, à reconstituer par induction, — à défaut de monuments contemporains, — mais à l'aide de leurs propres traditions, les grands traits essentiels de leur histoire primitive, depuis leur établissement dans la Chaldée jusqu'au moment où commencent les inscriptions parvenues jusqu'à nous, puis à remonter le cours de leur migration préhistorique jusqu'à cette montagne du nord-est qui fut leur point de départ.

« Reste ce qui touche à la législation ou à la constitution sociale. Ici les documents font encore défaut ou du moins sont insuffisants; mais on peut espérer que des découvertes ultérieures viendront combler cette lacune. Nous ne possédons en effet, jusqu'à ce jour, qu'un bien petit fragment des antiques lois d'Accad qui avaient, paraît-il, été mises par écrit, et traduites en assyrien à la même époque que les livres religieux. Ce fragment traite des liens et des devoirs de famille. Eh bien, si court qu'il soit, nous pouvons déjà y relever un point de contact avec les mœurs des anciens Finnois, et cela sur une particularité capitale et assez caractéristique pour être tenue comme une donnée individuelle de race dans la constitution de la famille. Il s'agit en effet de l'importance attribuée à la mère et supérieure à celle même du père. Dans les débris de lois accadiennes, le fils qui renie son père est condamné à une simple amende, celui qui renie sa mère doit être exclu de la terre et de l'eau. Chez les Finnois, avant leur conversion au christianisme, la mère de famille primait le père dans les rites du culte domestique.

« N'y a-t-il pas dans les affinités ainsi constatées dès à présent un ensemble de preuves suffisant pour faire passer sur ce qu'a eu d'*invraisemblable*, au premier abord, le fait d'un peuple touranien occupant la Chaldée, et léguant un système d'écriture calqué sur le génie propre de sa langue à la grande division chaldéo-babylonienne. »

Dans cette réponse, M. Lenormand use d'un procédé de discussion singulier, dont il n'a pas même l'air de se douter, tellement il s'en sert avec bonne foi.

C'est comme toujours l'éternelle pétition de principe, dont nous avons signalé l'abus au début de cet ouvrage.

Ainsi il est constant, suivant l'expression de M. Renan, qu'il y a eu en Babylonie, avant l'arrivée des Sémites et des Aryens (pour les Aryens ou Indous c'est une autre affaire, nous aurons bientôt à examiner cette question), une civilisation complète apportée, au dire d'Eschyle et surtout de Bérose, la plus compétente de toutes les autorités, par une multitude d'hommes de diverses nations.

La science se demande ce qu'étaient ces hommes, d'où ils venaient, à quelle race ils appartenaient?

Et l'école dont fait partie M. Lenormand invente de toutes pièces la légende des Touraniens.

Ses adversaires jettent les hauts cris. M. Renan dit d'un ton un peu dédaigneux que *ce mot de touranien*, même en le prenant comme un simple signe de classification, ne répond à rien, car la classification qu'il prétendrait imaginer ne se soutient pas au point de vue scientifique.

M. Halévy, plus énergiquement encore, prétend que l'existence d'une nation touranienne, avec ses rameaux accadiens, summériens, kasdéo-scythiques ou kasdéens, non-seulement est dénuée de preuves, mais encore qu'elle est contraire à l'histoire, à la géographie, à l'ethnographie..... En somme c'est, avec un peu plus de mesure, l'opinion que M. Hovelacque exprime, quand il dit que beaucoup d'aplomb a fait naître touranisme et touranisants, et qu'un peu de critique a bientôt ruiné ces théories qu'on ne devrait même pas honorer d'une réponse.

Comme on le voit, c'est bien l'existence même des Touraniens qui est en jeu.

Que fait M. Lenormand? il n'a pas l'air de s'imaginer que c'est le touranisme lui-même que l'on repousse, mais que personne ne nie l'existence d'une civilisation ancienne en Chaldéo Babylonie, et il s'escrime à prouver ce qui n'est pas en question, l'existence de cette civilisation, qu'il continue à appeler touranienne.

Ce que l'on discute, c'est son droit de donner le nom de touraniens à tous ces vestiges de civilisation.

Ce que l'on discute, c'est son droit à donner à la foule de populations mêlées dont parlent Eschyle et Bèrose, le nom de populations touraniennes.

Ce que l'on discute, c'est son droit à inventer les Accads et la langue accadienne, après avoir déjà inventé le type de race, le Touranien.

Ce que l'on discute, c'est son droit à appeler les Finnois, les Turcs, les Hongrois des peuples d'origine touranienne.

Ce que l'on veut enfin qu'il prouve, c'est que dans le pays désolé du Touran, il y a eu une population qui s'est répandue sur une partie du monde ancien, lui a infusé sa civilisation et imprimé son cachet ethnographique.

La langue, la littérature, la religion qu'il attribue aux Accads-Touraniens, qui donc nie qu'on en trouve les vestiges... mais en quoi tout cela peut-il se rattacher au Touran? Voilà le nœud du débat, et il faut avouer que M. Lenormand n'en a cure, car il continue ses victorieuses démonstrations pour rattacher telle ou telle population, tel ou tel document, tel ou tel vestige ethnographique que tout le monde connaît tout en réservant la question d'origine, à un peuple imaginaire que personne ne veut accepter. Il y a de curieux rapprochements à faire entre le génie qui a inspiré le Kalévala des primitifs Finnois, et celui qui a dicté le lyrisme religieux et magique des primitives populations de la Chaldée... nous le voulons bien, cela prouve la colonisation asiatique dont nous sommes partisan et que nous venons de soutenir dans la seconde partie de cet ouvrage... mais, encore une fois, qu'est-ce que cela prouve, relativement à l'existence non pas simplement contestée, mais énergiquement niée des Touraniens?

On n'introduit pas ainsi sur la scène du monde un peuple *par supposition*, comme un moyen facile de résoudre des problèmes ethnographiques; et pour en finir sur ce point, nous sommes d'avis que cette expression de touraniennes, appliquée aux langues agglutinantes, ne doit pas même être conservée, comme la simple expression d'une classification, car elle est entièrement arbitraire et dénuée de tout sens ethnographique.

Nous allons voir maintenant si, sans créer des peuples fictifs, il n'est pas possible, d'accord avec l'histoire, la géographie, l'ethnographie et la linguistique, de trouver les ancêtres des populations mêlées parlant des langages différents, dont témoignent Eschyle, Berose et les traditions des cunéiformes.

Un fait, auquel M. Lenormand attache une importance extraordinaire, va nous servir de transition.

Il vient de nous dire que, dans les débris de lois des peuples primitifs de la Chaldée (ceux qu'ils nomment les Accads), le fils qui reniait son père était condamné à une simple amende, tandis que celui

qui reniait sa mère était exclu de la terre et de l'eau ;
il ajoute que chez les peuples finnois avant leur
conversion au christianisme, la mère de famille primait le père dans les rites du culte domestique, et
il voit là une particularité assez capitale, pour être
tenue, comme une donnée individuelle de race, dans
la constitution de la famille.

Il est hors de doute, nous l'avons dit, que les Finnois sont d'origine asiatique ; il est donc possible de
rencontrer chez eux de nombreux souvenirs du berceau. Mais, dans l'espèce, M. Lenormand nous paraît confondre deux coutumes absolument différé-
rentes, c'est souvent ce qui arrive lorsque l'ethnographe supplée au silence de la tradition, et explique deux faits qui semblent se toucher par de
certains côtés, à l'aide de ses impressions person-
nelles.

Ainsi, pour le cas qui nous occupe, si les traditions
chaldéennes et finnoises ne peuvent nous donner
l'explication de ces usages, l'Inde, qui pour nous
est l'*alma parens* de ces deux races, l'Inde, qui, en
face de la coutume, a partout conservé son droit
écrit, va nous donner le sens clair et exact de ces
prescriptions.

En face de l'inconduite possible de la femme, le
droit indou, si précis et si sage dans certaines de ses
parties que ses ordonnances sur la propriété et les

contrats ont passé presque entières dans nos codes,
avait admis le désaveu de la paternité, et, chose singulière, le désaveu de la filiation. Ainsi, quand il
était de notoriété publique, en raison d'une absence
prolongée par exemple, que Rama ne pouvait pas
être le père de Narindra, si Rama de retour, par
faiblesse ou tout autre cause, n'intentait pas une action en désaveu, l'action était ouverte à Narindra
pour faire déclarer qu'il n'était pas le fils de Rama.

Ceci était d'une importance extraordinaire, chez
une nation dont tout le droit pénal consistait dans
le rejet de la caste, c'est-à-dire dans la mort civile
la peine la plus affreuse qui ait jamais existé, — mort
civile qui frappait également dans l'ancien droit les
enfants du coupable.

Si Rama était chassé de la caste, c'est-à-dire
frappé de l'interdiction de l'eau, du riz et du feu,
Narindra le suivait dans sa dégradation. On comprend donc l'intérêt qu'avait ce dernier, quand il le
pouvait, à faire déclarer que Rama n'était pas son
père ; d'autres causes également pouvaient faire
naître le même intérêt.

Il est juste de dire que *le désaveu de filiation* était entouré de telles garanties, qu'il ne pouvait jamais
devenir un danger pour la constitution de la famille.

En l'état, puisque la loi autorisait cette action, on

ne pouvait pas rendre cette prescription illusoire, en menaçant le fils, *qui reniait* son père, de le rejeter de la société par l'interdiction de l'eau, du riz et du feu ; on se bornait quand il succombait, à lui imposer une amende plus ou moins forte.

Mais quand il reniait sa mère, aucun doute ne pouvant exister sur *la réelle maternité*, il était immédiatement chassé de la caste et tombait au rang des parias.

Voilà bien la coutume chaldéenne, issue de la coutume indoue avec son commentaire légal. Et qu'on le remarque bien, nous ne sommes pas en présence d'un fait constitutif de la famille, comme le pense M. Lenormand, mais d'une prescription de droit d'un intérêt général.

Ceci posé, nous dirons que la coutume finnoise, d'après laquelle *la mère primait le père dans les rites du culte domestique*, n'a aucun rapport avec les précédentes.

Celle des Indo-Chaldéens est de droit civil.

Celle des Finnois est de droit religieux.

C'est encore à l'Inde que nous allons nous adresser pour avoir la véritable explication de la coutume finnoise.

De toute antiquité, dans la famille indoue, le père et la mère se sont partagé tout ce qui avait rapport aux cultes religieux et domestique. Tout ce qui était sacrifices et offrandes aux divinités supérieures et aux manes des ancêtres, était du ressort du père, tout ce qui avait trait aux rites domestiques était du ressort de la mère.

Ainsi cette dernière conservait le feu sacré qui le jour de son hymen avait été allumé avec le feu du temple, c'est elle qui, tous les matins et tous les soirs, traçait, avec de la craie rouge et blanche, les signes symboliques qui devaient préserver la famille des atteintes des mauvais esprits, c'est elle encore qui, chaque fois que son mari ou ses fils sortaient ou rentraient, accomplissait au-dessus de leur tête, avec une lampe éclairée au feu sacré, les cérémonies de l'arraty qui devaient éloigner d'eux toutes les mauvaises rencontres qu'ils étaient susceptibles de faire au dehors, et les purifier au retour de toutes les influences pernicieuses qui avaient pu s'attacher à eux. Cette cérémonie de l'arraty était faite également sur la tête des étrangers de distinction que l'on recevait en visite.

Chez les primitifs Finnois, la femme fut chargée des mêmes fonctions, elle accomplissait les rites du culte domestique.

Puisque nous sommes sur ces comparaisons des coutumes finnoises et asiatiques, M. Lenormand nous permettra de lui en présenter une résultant de deux textes, qui ne donne prise à aucuns commentaires.

Nous lisons dans le poëme du Kalévala, traduction de M. Léouzon Leduc :

. . . .

Lemmi Kaïnen était parti à la recherche d'une épouse...

* *
*

« Une vierge, une belle vierge qu'aucun prétendant n'avait pu fléchir, qu'aucun homme n'avait pu charmer, lui résista, c'était la belle Kylliki, la gracieuse fleur de Soari.

* *
*

« Le joyeux Lemmi Kaïnen, le beau Kankomiali, usa cent paires de chaussures, cent paires de rames à chercher à la captiver.....

* *
*

« Un peu de temps s'écoula, un demi-mois à peine, et voilà qu'un jour, un beau soir, les jeunes filles de soari folâtraient et dansaient également sur la lisière d'une forêt, au milieu des bruyères fleuries, Kylliki était à leur tête comme la plus illustre et la plus belle.

* *
*

« Tout à coup Lemmi Kaïnen vint les surprendre ;
il était dans son traîneau attelé de son fougueux éta-
lon, il enleva Kylliki et la força de se placer à côté
de lui sur son tapis d'éclisses.

* *
*

« Puis il fit claquer son fouet, il en frappa les
flancs du coursier, et partant aussitôt il dit : Gardez-vous bien, ô jeunes filles, de jamais me trahir,
gardez-vous bien de dire que je suis venu ici, et que
j'ai enlevé la belle vierge.....

Le traducteur du Kalévala, remarquant que c'était
une coutume de tous les héros du poëme d'enlever
les jeunes filles qu'ils voulaient épouser, en formule
ainsi les motifs :

« Le savant Castren nous apprend qu'elle avait
sa raison d'être dans une institution commune à
tous les peuples de race finnoise. En effet, ces peuples formaient jadis plusieurs tribus divisées par un
antagonisme fécond en luttes sans cesse renais-
santes. Or il était interdit aux hommes de prendre
leurs femmes dans celle à laquelle ils appartenaient.

De là, par conséquent, ces aventures, ces violences, ces épreuves étranges qui préludaient, chez les Finnois, à la conclusion des mariages et dont les runnots — chants — ont perpétué le souvenir.

« Les chants héroïques des Ostiaks, des Samoïèdes et des Tatars roulent aussi la plupart sur ce sujet; et encore aujourd'hui parmi les peuplades d'origine finnoise de la Sibérie, l'usage d'enlever la jeune fille que l'on veut épouser est généralement répandu.

« Il est donc démontré que les héros du Kalévala vivaient sous l'empire de l'institution dont s'agit ; autrement n'eussent-ils pas choisi leurs femmes dans leur propre tribu de préférence à cette région de Pohja qu'ils avaient en horreur... »

Voyons maintenant la coutume indoue :

« Lorsqu'on enlève de la maison de son père une jeune fille qui résiste, qui appelle à son secours, que l'on brise la clôture et que l'on blesse ceux qui s'y opposent, ce mariage est dit : « *le mode des géants*, » c'est-à-dire celui qui convient aux guerriers et aux rois. »

(MANOU, liv. III, sloca 33.)

« Primitivement, dit Colluca-Batta, qui explique cette coutume dans ses commentaires de législations,

les xchatrias, guerriers de la caste royale, se glori-
fiaient de n'accepter pour femme, que les princesses,
que par leur valeur ils avaient fait captives à la
guerre. Un jeune xchatria qui, à seize ans, n'avait
pas encore trouvé l'occasion d'enlever quelque belle
fille célèbre par sa beauté, son origine, ses richesses, en combattant ceux qui cherchaient à s'y opposer n'était pas considéré comme parvenu à l'âge viril.
Plus tard, quand les différentes peuplades de l'Indoustan se réunirent, se disciplinèrent sous la domination
des brahmes, les querelles intestines s'apaisèrent,
mais les xchatrias conservèrent au nombre de leurs
priviléges le droit d'enlever même par la force les
jeunes filles dont ils voulaient faire leurs épouses;
c'est ce que Manou appelle *le mode des géants ou des
guerriers*. Peu à peu, avec le relâchement des mœurs
et l'augmentation de la puissance royale, les xchatrias prirent l'habitude d'en user ainsi, même pour
se procurer des concubines. »

C'est ici le cas de se rappeler la coutume indo-ita-
lique et l'enlèvement des Sabines par les Romains.

De pareilles coutumes ne sont-elles pas essentiellement caractéristiques de la race?

C'est ainsi que l'Inde affirme et prouve sa maternité. Chaque fois que vous rencontrez, dans les deux
branches indo-asiatique et indo-européenne de la

grande famille indoue, un usage, une prescription civile ou religieuse, dont le sens propre ou symbolique ne se retrouve pas, soyez sûr que vous en rencontrerez l'explication sur les bords du Gange.....

Donc, à la prestidigitation intellectuelle qui a mis au monde les Touraniens, pour expliquer les primitives civilisations chaldéennes et ougro-finnoises, (ouralo-altaïques, si on le préfère), nous opposons cette vieille civilisation *millénaire* de l'Inde qui est là, avec ses monuments artistiques et littéraires, ses traditions, ses conceptions originales, ses vieux systèmes de philosophie, naturalistes, spiritualistes et théologiques, ses cent soixante-quinze dialectes différents et ses immenses populations.

Que recherchent Bérose, Eschyle, et la science moderne?

Le berceau de toutes ces peuplades mêlées qui ont colonisé la primitive Chaldée!

Pourquoi aller le chercher ailleurs que dans l'Inde, qui réunit tous les caractères ethnographiques d'une indiscutable maternité?

La langue! Les Indous du Deccan ont parlé et parlent encore des langues agglutinantes qui soutiennent les plus étroits rapports entre celles du groupe ouralo-altaïque. .

La littérature! Toutes les incantations magiques retrouvées en Chaldée se sont inspirées du brahmanisme au point de n'être presque que des copies, plus grossières il est vrai, des incantations de l'Atharva-Véda.

La religion! La trinité indoue ne se reconnaît-elle pas dans la trinité chaldéenne

> Anou,
> Nouah,
> Bel?

Et les grands dieux de l'Inde n'ont-ils pas leurs similaires dans les grands dieux chaldéo-babyloniens :

Anou, — Bel, — Nouah, — Balit, — Sin, — Samos, — Bin, — Adar, — Mardouk, — Nergal, — Istar, — Nebo?

Est-ce que le Swayambouvah des brahmes, l'Être existant par lui-même, germe universel, n'a pas donné naissance à l'Ilou chaldéen, être irrévélé et germe primordial également.

Est-ce que le Kiroub ou taureau à face humaine, le Nirgal ou lion à tête d'homme, l'Oustour à forme humaine, et le Nattiga à tête d'aigle des bords de l'Euphrate, ne sont pas sculptés sur toutes les pagodes de l'Inde?

L'histoire! Toutes les annales de l'Indoustan signalent de nombreuses migrations des populations drawidiennes sur les rives de l'Euphrate. Remarquons que ces populations, tout en parlant des langages différents, mais appartenant au groupe agglutinant, possédaient tous les mêmes croyances religieuses, les mêmes mœurs, les mêmes coutumes, les mêmes superstitions, ce qui résout d'une manière formelle cet étonnant problème ethnographique chaldéen de populations mêlées, parlant toutes des dialectes différents, et qui cependant avaient les mêmes mœurs, la même religion, les mêmes préjugés, et ont ainsi rendu possible la formation d'un même groupe social.

Les Touraniens, enterrés, et bien définitivement enterrés, sous le dédain de MM. Renan, Halévy, Hovelacque et autres... quelle pourrait être, en dehors de l'Inde, la contrée de l'antiquité qui, au point de vue de l'unité religieuse et de la multiplicité des dialectes, présente les caractères ethniques nécessaires à la colonisation de la primitive Chaldée?...

Est-ce que la route que la langue indo-européenne a suivie du cap Comorin au cap Finistère ne serait pas plus difficile à admettre, si l'évidence scientifique ne fermait la bouche à toutes les contradictions?

CHAPITRE XI.

DE QUELQUES IDIOMES NÉGLIGÉS.

Nous en avons fini avec les langues agglutinantes, dans cette revue rapide, trop rapide peut-être; nous avons négligé à dessein certains idiomes, parce que ni la linguistique, ni les traditions, ne nous permettaient de ranger les peuples qui les parlent dans le groupe des indo-asiatiques. De ce nombre est le basque, langue étrange qui paraît comme isolée au milieu des dialectes qui l'entourent, et qui mériterait sans aucun doute une étude spéciale. Mais nous ne faisons de la linguistique qu'au point de vue de l'ethnographie, et partout où la tradition est muette nous ne nous occupons pas de la langue.

Le linguiste pur a sur ce point un intérêt différent du nôtre; il étudie le mécanisme du langage au point de vue naturel. Peu lui importent l'histoire et la civilisation d'un peuple, il laisse tout cela dans un

plan secondaire, et souvent un petit idiome presque
oublié a, par la structure singulière de ses mots,
plus d'intérêt pour lui qu'une langue parlée par des
millions d'individus appartenant aux races les plus
élevées. Il dissèque un mot, comme le physiologiste
dissèque un réseau de veines. Tandis que nous c'est
la race, c'est l'origine de telle ou telle agglomération
d'hommes qui nous inquiète avant tout, et nous né-
gligeons le langage quand il ne doit pas servir à nos
conclusions ethnographiques. Toutes les autorités
sont d'accord sur ce point, qu'au delà du xᵉ siècle
de notre ère, on ne sait rien ni de la langue, ni de
l'histoire particulière du pays basque. Monuments
littéraires ou artistiques, traditions de toutes espèces faisant complétement défaut, nous n'avons pas
voulu hasarder une hypothèse. Il en est de même de
la langue Poul, étudiée par l'illustre Faidherbe, et
sur laquelle nous ne pouvons asseoir, même à titre
de supposition, aucune opinion ethnographique. Le
brahoni, qui se parle dans le Beloutchistan, est une
langue d'origine tamoule ou drawidienne; son importance ne méritait pas une mention spéciale.

De même encore les langues parlées dans les régions arctiques, au pays des Esquimaux, nous laissant sans traditions, nous avons dû les passer sous
silence.

Quant à la langue de la seconde colonne des inscriptions cunéiformes, nous attendons qu'on ait réellement déchiffré ces inscriptions pour nous en occuper.

La plupart des groupes particuliers des langues agglutinantes sont irréductibles à un type commun, c'est un fait acquis; mais nous attendons, nos arguments devant être de même nature, que nous ayons terminé notre étude sur les langues à flexion, pour rechercher en quoi des langues irréductibles peuvent s'opposer à la communauté de race des peuples qui les parlent.

TROISIÈME PARTIE

LES DEUX TYPES

DES LANGUES A FLEXION

ETHNOGRAPHIE DES INDO-ASIATIQUES ET DES SÉMITIQUES

CONCLUSION

CHAPITRE PREMIER.

NOTRE THÈSE.

Nous voici arrivés au point principal de la thèse que nous désirons soutenir, dont le seul but est de démontrer la possibilité de la parenté initiale des peuples dits sémitiques et des Indous.

Dans notre revue des langues monosyllabiques et agglutinantes, comme il est scientifiquement prouvé que la plupart *de ces parlers* sont dans l'état où ils se trouvent actuellement, irréductibles à un type commun, nous avons dû, pour les rattacher à l'Asie, en même temps que nous examinions les plus importantes des traditions des peuples qui les parlaient, accorder une mention spéciale à chaque groupe différent de ces langues, que la science n'a fait que classer morphologiquement, sans tenter de les réunir par un lien ethnographique.

Sur le terrain particulier que nous abordons maintenant, nous n'aurons pas à examiner spécialement chaque langue du groupe sémitique et chaque langue des groupes indo-asiatiques et indo-européens, puisque les idiomes sémitiques sont réductibles à un type *sémitique* commun et les langues indo-asiatiques et indo-européennes, également réductibles à un type *indou* commun.

Nous nous bornerons donc, d'un côté, à constater les différences qui existent entre le type sémitique et le type indou, différences qui ont conduit les linguistes purs à considérer les peuples qui les ont adoptés comme appartenant à des races distinctes, et de l'autre à placer en regard les nombreuses traditions, coutumes, mœurs, croyances, conceptions essentiellement caractéristiques de la race, qui nous portent à penser que Sémites et Indous appartiennent à deux branches de la même famille, séparés dès la très-haute antiquité.

Les langues et les traditions indo-européennes, à un tout autre titre, puisque leur origine commune n'est pas contestée, méritent une étude spéciale; nous leur consacrerons un prochain volume.

CHAPITRE II.

LES DEUX TYPES DE LANGUES A FLEXION, LE TYPE DIT SÉMITIQUE ET LE TYPE INDOU.

Nous avons vu que les langues *à flexion* sont celles, dont les radicaux peuvent subir l'alternative ou la modification phonique, aussi bien que leurs désinences. Cela ne veut pas dire que toutes les racines subissent toujours cette modification, mais simplement qu'elles la peuvent subir.

Dans les langues monosyllabiques, la racine toujours invariable à elle seule, forme un mot, et la phrase n'est qu'une succession de racines sans affixes.

Dans les langues agglutinantes, la racine principale reste invariable, mais elle s'adjoint d'autres racines qui, employées comme préfixes ou suffixes, deviennent de simples éléments de relations actives ou passives.

Dans les langues à flexions, la racine principale n'est pas essentiellement invariable, et elle peut se modifier aussi bien que la racine élément de relation.

C'est dans ce sens que, sans avoir aucune ressemblance entre elles, ni dans les radicaux, ni dans la structure grammaticale, les langues sémitiques et indoues sont des langues à flexion, et appartiennent à la même division morphologique.

Quelles sont donc les différences essentielles, qui existent entre les deux parlers ?

Nous ne pouvons mieux faire sur ce point, puisque nous avons l'intention de combattre leurs conclusions au point de vue ethnographique, que de laisser nos adversaires exposer eux-mêmes la question toute scientifique, sur laquelle ils basent leur opinion.

Voici ce que dit M. Hovelacque à cet égard, s'en référant lui-même à Schleicher, Whitney et Nœldeke.

« Ce n'est point seulement par leurs racines que les langues sémitiques et les langues indo-européennes (il comprend dans cette dénomination les Indo-Asiatiques) sont totalement distinctes les unes des autres; elles diffèrent encore en ce qui concerne leur structure elle-même. Les unes et les autres sont indiscutablement des langues à flexion, mais la flexion n'est point chez les unes ce qu'elle est chez les autres. Schleicher et Whitney ont examiné cette question de très près, avec la sûre méthode qui caractérise tous leurs travaux, et nous ne pouvons mieux faire que de rapporter ici ce qu'ils ont écrit à ce sujet.

« Le système sémitique, dit Schleicher, n'avait, avant la séparation des idiomes sémitiques, en langues distinctes les unes des autres, point de racines auxquelles on pût donner une forme sonore quelconque, comme cela était le cas dans le système indo-européen : le sens de la racine était attaché à de simples consonnes. C'est en leur adjoignant des voyelles qu'on indiquait les relations du sens général, c'est ainsi que les trois consonnes q, t, l constituent la racine de l'hébreu *qâtâl*, de l'arabe *qatala*, « il a tué, » de *qutila* « il fut tué, » de l'hébreu *hiqtil* « il fit tuer, » de l'arabe *maqtâlum* « tué. » Il en est tout différemment dans le système indo-européen, où le sens est attaché à une syllabe parfaitement prononçable. — Seconde différence : la racine sémitique peut admettre toutes les voyelles propres à modifier son sens; la racine indo-européenne, au contraire, possède une voyelle qui lui est propre. Ainsi la racine du sanscrit *manvé* « je pense, » du grec *menos* « pensée, » du latin *mens, manes*, du gothique *gamanan* « penser, » n'a pas indifféremment

pour voyelle *a*, *e*, *o*, *u*, mais seulement et nécessairement *a*. Cette voyelle organique de la racine indo-
européenne ne peut d'ailleurs se changer, à l'occasion, qu'en telle ou telle autre voyelle, d'après des
lois que reconnaît et détermine l'anayse linguistique. — Troisième différence : la racine sémitique est
trilittère : qtl « tuer, » ktb « écrire, » dbr « parler ; »
elle provient sans nul doute *de formes plus simples*,
mais enfin c'est ainsi qu'on la reconstitue. Par
contre, la racine indo-européenne est bien plus
libre de forme, comme le montrent, par exemple,
i « aller, » *su* « verser, arroser, » toutefois elle est
monosyllabique.

« Le système sémitique n'avait que trois cas et
deux temps, le système indo-européen a huit cas et
cinq temps au moins.

« Tous les mots de l'indo-européen ont une seule
et même forme, celle de la racine modifiée ou non,
accompagnés du suffixe dérivatif, le sémitique emploie aussi cette forme. Exemple : l'arabe qatalta
« toi homme tu as tué, » mais il connaît aussi la
forme, où l'élément dérivatif est préféré, celle où la
racine est entre deux éléments dérivatifs et d'autres
formes encore.

« La flexion sémitique, dit de son côté M. Withney,
est totalement différente de la flexion indo-européenne, et ne permet point de faire dériver les deux

systèmes l'un de l'autre, non plus que d'un système
commun. Le caractéristique fondamentale du sémitique réside dans la formation trilittère de ses
racines : celles-ci sont composées de trois consonnes,
auxquelles différentes voyelles viennent s'adjoindre
en tant que formations, c'est-à-dire en tant qu'éléments formatifs, éléments indiquant les relations
diverses de la racine. En arabe, par exemple, la
racine qtl présente l'idée de « tuer » et qatala veut
dire « il tua, » qutila « il fut tué, » qatl « meurtrier, »
qitl « ennemi, » etc. A côté de cette flexion, due à
l'emploi de différentes voyelles, le sémitique forme
aussi ses mots en se servant de suffixes et de préfixes, parfois également d'infixes. Mais l'agrégation
d'affixes sur affixes, la formation de dérivatifs tirés
de dérivatifs, lui est comme inconnue ; de là la presque uniformité des langues sémitiques.

« La structure du verbe sémitique diffère pro-
fondément de celle du verbe indo-européen. A la
seconde et à la troisième personne, il distingue le
genre masculin ou féminin du sujet : *qatalat* « elle
tua, » *qatala* « il tua; » c'est ce que ne font point les
langues indo-européennes : sanscrit, bhârati « il ou
elle porte; » l'antithèse du passé, du présent, du
futur, qui est si essentielle, si fondamentale dans les
langues indo-européennes, n'existe point pour le
sémitique : il n'a que deux temps répondant à

l'idée de l'action accomplie et à celle de l'idée non accomplie.

« On voit combien les différences de structures sont considérables entre les deux systèmes, et combien leurs modes de flexion sont différents à ce que nous avons dit. Il faut encore ajouter cet autre fait bien caractéristique, que le système indo-européen possède seul la faculté d'augmenter ses voyelles. Ce phénomène consiste dans la préfixation d'un *o* à un *oi*, à un *i*, à un *u* du radical.

« La forme indo-européenne AImi, je vais (sanscrit *émi*, grec et lithuanien *eimi*), a pour racine I, aller, qui précisément est *augmentée* à ce temps, à ce mode, à cette personne.

« La flexion sémitique ne connaît rien de semblable. Ces deux familles de langues sont donc sorties, par des voies toutes différentes, de la phase agglutinative qu'elles ont dû traverser, et elles sont aussi indépendantes l'une de l'autre par leur structure qu'elles le sont par leurs racines, dont la prétendue réductibilité à d'anciennes formes communes ne mérite plus d'être débattue. »

Ainsi les différences qui existent entre la langue sémitique et la langue indo-européenne sont les suivantes :

1° Le sens de la racine, dans le sémitisme, est

attaché à de simples consonnes, et c'est en leur adjoignant des voyelles qu'on indique la relation du
sens. Ainsi point de racines à formes sonores, tandis
que dans l'indo-européen le sens est attaché à une
syllabe parfaitement prononçable.

2° La racine sémitique est susceptible de recevoir toutes les voyelles capables, de modifier son
sens; la racine indo-européenne possède, au contraire, une voyelle qui lui est propre, une voyelle
organique.

3° La racine sémitique est trilittère, *ktb*, la racine
indo-européenne est libre de forme, i — su — va.

4° Le sémitisme n'a que trois cas et deux temps,
l'indo-européen a huit cas et au moins cinq temps.

Nous n'avons pas la prétention de discuter ces
vérités linguistiques, que nous tenons pour complétement et scientifiquement démontrées, sans admettre, en aucune façon cependant, qu'on puisse
s'en servir pour poser des conclusions ethnographiques absolues, séparant à tout jamais les ber-
ceaux des deux races par une barrière infranchis-
sable. M. Hœckel, du reste, qui est un linguiste de la
nouvelle école, admet parfaitement la parenté des
Indous et des Sémites.

Cependant nous nous permettrons de faire remarquer que ces faits linguistiques s'appliquent à l'his-

toire du présent, mais que rien ne nous prouve qu'ils puissent s'appliquer à l'histoire du passé.

Ainsi on admet que la racine trilitère du sémitisme *qtl, ktb, dbh,* etc... *provient sans nul doute de formes* plus simples, mais que c'est ainsi qu'on la reconstitue pour le présent. Quelle était cette forme plus simple ?

Qu'on nous permette de supposer pour un instant qu'elle a pu n'avoir que deux consonnes, et plus anciennement qu'une seule.

Nous aurions alors, en remontant à travers les âges de la période de formation, plus près de nous, les racines *qt, kt* et *db,* et plus anciennement les racines *q, k* et *d,* c'est-à-dire des radicaux d'une seule consonne, comme l'indo-européen a des radicaux que l'on figure par une seule voyelle *i-a-u.*

Supposons encore, au temps où les Indous et les Sémites ne s'étaient pas encore séparés, au temps où ils parlaient une langue monosyllabique disparue, les formes communes *qi, ka* et *du.* Que va-t-il se passer ?

Pendant qu'une partie de la race reste dans l'Inde, au milieu de tous les enchantements de la nature, et d'une végétation qui n'a pas son égale au monde, faisant tous ses efforts pour se créer une langue douce, sonore, poétique, en harmonie avec la verdure et les horizons infinis

qui se déploient devant elle... l'autre, à la suite
de guerre et d'événements importants, s'échappe
par le bas Indus, s'avance à travers les sables de
la Chaldée et de l'Arabie, et sur le sol ingrat
où il pousse ses longues files de troupeaux, il développe son langage sous l'impression des milieux où
il va vivre, préférant la rudesse de la consonne à la
douceur de la voyelle, les sons gutturaux et fortement aspirés aux sons mélodieux et sonores.

L'Indou, alors, voulant attacher à chaque idée
une image riante, un son plein d'euphonie, se sert
le plus possible des formes *i, a, u,* tandis que le Sémite affectionne les images et les sons plus durs et
se sont des formes *q, k, d,* il ne se sert des voyelles que
juste ce qu'il lui faut pour les prononcer, alors que
l'Indou, au contraire, va appuyer sur les voyelles,
et ne se servira des consonnes que comme un moyen
de nuancer les sons, moyen dont il se passerait volontiers s'il en avait la possibilité.

Et alors, chacune de leur côté, les deux langues,
indoue et sémitique, vont se compléter sans se faire
aucun emprunt, sans se connaître désormais, marchant toutes deux par des voies différentes vers
l'agglutination et la flexion.

Nous dira-t-on que ce n'est là en somme que l'hypothèse de ce type commun, disparu, qu'on a voulu
donner bien souvent déjà comme lien aux langues

indoues et sémitiques, et qu'on en a déjà fait si bonne justice que, suivant l'expression de M. Hovelacque, cette prétention ne mérite plus d'être débattue?

Nous avouons franchement que ce n'est là qu'une hypothèse, et que les exemples que nous venons de citer n'ont rien d'historique, tout en faisant remarquer que cette fiction est logiquement d'accord avec tous les rapports que l'ethnographie peut établir entre les deux peuples.

Mais, tout en faisant bon marché de ces suppositions qui, dans le silence du passé, ne s'élèveront pas plus à l'état de preuves scientifiques que l'hypothèse du primate, précurseur de l'homme, créateur du langage articulé, nous revendiquerons énergiquement notre droit, à exiger que vous aussi vous ne nous apportiez que des conclusions scientifiques.

Dans l'état actuel de la question, nous vous trouvons autorisés à nous dire : que la langue sémitique et la langue indoue (indo-asiatique et indo-européenne) diffèrent non-seulement par leurs racines, mais encore par leur structure grammaticale, dans la période historique actuelle. Vous pouvez encore dire, par induction, qu'elles étaient déjà essentiellement différentes à l'époque de l'agglutination. Mais rien ne vous autorise à soutenir, d'une manière absolue, que dans l'enfance du monosyllabisme elles ne sont pas issues toutes deux d'un type initial commun, que l'on ne peut plus retrouver précisément parce qu'il n'a jamais disparu, s'étant simplement développé dans deux sens différents, l'un qui s'est porté vers les sons rudes et les consonnes, l'autre vers les sons euphoniques et les voyelles; l'un qui a fait ses racines avec des consonnes, et a indiqué leurs relations avec des voyelles, l'autre qui a fait ses racines avec des voyelles organiques conservant pour le surplus la liberté de ses formes.

Rien ne vous autorise enfin à prétendre que la même race d'hommes, partie d'un type initial, n'a pas pu, en se divisant en des branches différentes, avec conditions différentes de climat, d'existence, de luttes, de souffrances même, aller en linguistique, les unes à gauche et les autres à droite, et construire des langues d'un génie différent.

Schleicher nous paraît émettre une opinion bien singulière lorsqu'il dit « qu'avant la séparation des idiomes sémitiques en langues distinctes les unes des autres, le système sémitique n'avait pas de racines auxquelles on pût donner une forme sonore, » en d'autres termes que l'on pût prononcer facilement.

Il nous paraîtrait fort que les primitifs Sémites se soient appliqués à se construire des racines qu'ils n'auraient pu que difficilement prononcer, surtout quand on songe que les racines ont, au début de la langue sémitique, comme au début de toutes les langues, composé à elles seules toute la langue.

Voyez-vous bien un peuple s'appliquant à ne proférer que des sons muets et presque inintelligibles ? Vous aurez beau faire, vos racines *qtl, ktb, dbr*, et autres de même formation, ne peuvent aller sans le son sonore, que l'on a appelé le son des voyelles, et si la consonne a frappé à ce point le cerveau sémitique au point de lui rendre mieux l'idée et de devenir *racine*, il n'en est pas moins vrai que la racine consonne n'a jamais pu se prononcer sans le secours des voyelles. Et si, comme vous l'avouez vous-même, ces racines consonnes *qtl, ktb, dbr*, proviennent de formes plus simples, s'il y a eu un moment où elles étaient *q, k* et *d*, l'adjonction de voyelles pour leur donner une forme sonore, pour les prononcer, a dû faire dire *qa, ka* et *da*, ce qui peut parfaitement convenir également à la forme indo-européenne. Seulement, il est arrivé que le Sémite a négligé la voyelle, dont le son clair, sonore, lui plaisait moins que le son dental, labial, palatal et guttural, muet ou étouffé de la consonne ; en un mot, le radical sémitique s'est surtout organisé par la consonne, le radical indou par la voyelle.

Vous voyez donc bien que notre hypothèse, à laquelle nous sommes revenus simplement en suivant vos traces, à force d'être logique et naturelle, devient vraisemblable.

Que nous importent après cela les différences dans le mode de flexion ; les deux langues, sorties d'un berceau commun, ont suivi des routes opposées, elles ne pouvaient pas, après des siècles d'oubli l'une de l'autre, arriver au même résultat.

Mais si l'instrument a changé, les idées communes ont mieux résisté, et vous allez voir combien de coutumes, de conceptions identiques, caractéristiques de la race, nous allons pouvoir bientôt signaler chez les deux peuples.

Ce sont, précisément, ces nombreuses et étranges similitudes dans les mœurs, les usages, les croyances, similitudes impossibles à expliquer chez deux races différentes, qui nous empêchent d'admettre vos conclusions linguistiques, et qui nous font, à notre tour, poser cette proposition :

Deux langues, radicalement diverses par les formes du parler, ne laisseraient supposer, d'une façon absolue, deux variétés primitives de l'organisation cérébrale propre à notre espèce, que dans le cas où, à ces différences purement mécaniques, viendraient se joindre des mœurs, des usages, des croyances et des conceptions intellectuelles d'une nature et d'un ordre différents.

Et nous ajouterons :

Toutes les nations qui, *originalement,* en dehors de l'absorption par la conquête, possèdent des mœurs, des usages, des croyances, et des conceptions intellectuelles identiques, appartiennent, selon toutes prohabilités à la même race. C'est ce que nous allons essayer de démontrer.

LES TRADITIONS
INDO-SÉMITIQUES

ETHNOGRAPHIE DES DEUX RACES

> Au point de vue des sciences historiques, cinq
> choses constituent l'apanage essentiel d'une
> race et donnent le droit de parler d'elle
> comme d'une individualité dans l'espèce
> humaine : une langue à part, une littérature
> empreinte d'une physionomie particulière,
> une religion, une histoire, une civilisation.
>
> (RENAN.)

17

CHAPITRE PREMIER.

LES TRADITIONS RELIGIEUSES.

Nous ne suivrons aucun ordre spécial dans la comparaison des traditions que nous appelons indo-sémitiques. Les faits les plus importants, au point de vue historique, fort souvent n'occupent pas le même rang en ethnographie ; car il arrive que telle ou telle coutume, de minime apparence, est beaucoup plus caractéristique de la race que telle autre que l'on pourrait croire plus importante. Ainsi, une conception philosophique élevée a pu tenter les savants et les sages, et se retrouver dans une foule de contrées où elle ne fait certainement point partie du fond commun des traditions primitives , tandis qu'un simple mode de salutations ou d'ablutions, un simple rite domestique caractérisera souvent la communauté d'origine.

Ce dont on se défait le moins, ce sont des coutumes dont on peut le mieux se passer, ou dont la symbolique est perdue ; l'homme les considère comme des liens qui le rattachent à ses ancêtres, et ces liens survivent à tous les bouleversements, à toutes les révolutions. On attaque une religion, un système de philosophie, une forme de gouvernement, tout cela pousse à la lutte..... On n'attaque pas la ridicule habitude de porter des bagues, et de se percer les oreilles, qui nous vient de l'Asie; on ne sait plus pourquoi l'étiquette nous oblige à manger de la main droite plutôt que de la main gauche, le véritable sens de la coutume qui fait que les deux époux échangent des anneaux, n'est plus compris en Europe..... Partout l'histoire et les grands événements ont été vaincus par l'usage de tribu, la coutume familiale.

Pour ne pas remonter bien haut en histoire, on ne sait rien de certain sur les rois de la première race franque.....

Pour remonter très-haut dans la coutume, on sait que quand les xchatrias indous, ou gens de caste royale, se faisaient raser complétement la tête, c'est qu'ils voulaient se retirer dans le désert pour y vivre en vanaprasthas — anachorètes, — et terminer leurs jours dans la méditation et la prière. Et l'on sait également, car la coutume survécut à l'émancipation indo-européenne, qu'au moyen-âge on çoupait les cheveux des gens de sang royal que l'on jetait dans un couvent, ou qui y entraient de leur propre choix.

Nous n'accorderons donc pas à la question purement religieuse, l'importance qu'on aurait pu croire qu'elle méritait, et ceci pour deux raisons.

Nous venons d'indiquer la première, en disant qu'une tradition philosophique ou religieuse peut souvent n'être qu'un fait d'infiltration ; c'est ainsi que l'invasion du christianisme ne prouve en aucune façon la communauté d'origine de tous les peuples qui l'ont subie. Quant à la seconde, sans contredit la plus importante, elle est tout entière dans ce fait, que cette question de l'origine indoue des religions sémitiques, a été déjà examinée par nous, sous toutes ses faces, dans les différents volumes que nous avons déjà publiés sur l'origine de l'idée religieuse en général[1]. Nous renvoyons à ces ouvrages le lecteur curieux d'étudier ces conceptions sacerdotales dans tous leurs détails.

Nous venons de voir, à propos du touranisme, que toutes les traditions religieuses des primitifs Chaldéo-Babyloniens, ancêtres des Sémites Assyriens, étaient tirées du même fond commun que celles de l'Indoustan ; il est donc inutile d'y revenir.

---

1. *Bible dans l'Inde — Fils de Dieu — Christna et le Christ — Histoire des Vierges — Genèse de l'humanité — Fétichisme et Polythéisme — Manou.*

Quant aux Sémites hébraïques, nous ne ferons que constater une situation qui ne se discute plus dans la science.

Les croyances primitives des Hébreux furent polythéistes, comme celles de tous les peuples de l'antiquité.

Est-ce que les tendances unitaires du judaïsme ne datent pas seulement de Josiah? Est-ce qu'avant ce roi et le grand prêtre Helkiah, le Pentateuque ou livre de la loi était connu?

Est-ce que, même dans cet apocryphe Pentateuque, écrit sous le roi que nous venons de nommer, dans le but d'unir les Juifs contre leurs ennemis du dehors, par les liens d'une tradition nationale, on ne voit pas éclater le dualisme primitif de l'Inde, de l'Egypte, de la Chaldée? Est-ce que ce n'est point un Dieu *mâle et femelle* qui créa Adam *mâle et femelle*, à son image et à sa ressemblance, bien avant que la femme ait été créée?

Est-ce que cette expression Elahim « les dieux », Elahim barà « les dieux créa, les dieux fit, » du début de la Genèse, n'indique pas, par l'emploi de ce pluriel dans la dénomination de ces dieux créateurs, et de ce singulier dans le verbe qui rend l'action de *créer*, de *faire*, de *parler*, que la conception d'une double nature mâle et femelle se réunissant, dans l'auteur de la création, fut puisée par la Judée dans les vieilles traditions de l'extrême Orient?

La Genèse de Moïse débute, comme la Genèse de Manou, par un Dieu dont l'esprit flottait sur les eaux :

« *Et spiritus Dei ferebatur super aquas.* »

« Et il a été appelé Narayana, celui qui se meut sur les eaux. »

Mais c'est trop insister sur ces matières, alors que la Bible elle-même nous fournit à chaque pas, les meilleurs arguments que l'on puisse employer contre elle.

Qu'on lise les passages suivants de ce livre, et qu'on nous dise si le prétendu monothéisme juif n'était pas, avant Josiah et Helkiah, un pur polythéisme asiatique.

On connaît la donnée de la fable; un jour le grand prêtre Helkiah, en faisant réparer le temple, trouve par hasard un livre : « Voici le livre de la loi de Moïse, » s'écrie-t-il (preuve qu'il n'était pas connu jusqu'alors), et il le porta au roi Josiah, et tout le monde déchira ses habits, en criant: Nous avons oublié la religion de nos pères ! et le roi compléta la comédie, ou plutôt la révolution religieuse tramée avec le grand prêtre et la prophétesse Holda, en mettant à néant l'ancien culte.

« Et Josiah brûla tous les ustensiles qui servaient au culte de Baal (Bel des Chaldéens) et à toute l'armée des dieux...

« Et il abolit les camars que les rois de Juda avaient établis quand on faisait des sacrifices dans les hauts lieux et les bois sacrés... et il abolit les temples élevés au soleil et à la lune.

« Et il démolit les maisons des danseuses qui étaient dans l'enceinte du temple (ce sont les bayadères de l'Inde qui avaient pour mission de danser dans les cérémonies religieuses).

« Et il profana le temple de Topheth, afin que personne ne pût plus y consacrer son fils ou sa fille au feu.

« Et il brûla les chevaux et les chariots du soleil.

« Et il brisa les outils consacrés à Haschtoreth (la vierge initiale, dans l'Inde Nari, Belit en Chaldée, Moulh en Égypte).

« Et il brisa aussi les Phallus (il serait difficile de trouver un signe plus caractéristique de l'influence asiatique).

« Et il extermina tous ceux qui possédaient des serpents Python, les diseurs de bonne aventure, les sacrificateurs des faux dieux, les dieux infâmes, et toutes les abominations qui existaient dans le pays de Judas, avant la découverte du livre de la loi par Helkiah, etc..... »

Tous ces passages ne prouvent-ils pas, jusqu'à la dernière évidence, que jusqu'à Josiah le livre de la loi ou Pentateuque n'était pas connu, et que les sémites hébraïques avaient conservé, jusqu'à la révolution religieuse opérée par Helkiah, toutes les superstitions des primitifs Chaldéens, leurs ancêtres, qui eux-mêmes les auraient apportées de l'Inde.

CHAPITRE II.

DU SCHACHTANGA
OU PROSTERNATION DES SIX MEMBRES.

L'éminent orientaliste Dubois, qui a passé trente ans de sa vie dans l'Inde, s'exprime ainsi au sujet de ce mode de salutation des Indous.

« Ce signe d'humilité ou ce salut appelé schach-tanga, en usage chez les Indous et plusieurs autres peuples asiatiques, fut également en usage chez les Hébreux. Nous en trouvons des témoignages dans les livres sacrés où cette marque extraordinaire de respect est appelée *adoration*, lors même qu'elle s'adresse à de simples mortels.

(Voyez Genèse, chap. XVIII, v. 2, — XIX, v. 1, — XXXIII, v. 3, — XLII, v. 6, — XLIII, v. 26, 50, 18, etc...)

« De même, les Égyptiens, les Chaldéens et autres

peuples dont parlent les Écritures sacrées, connaissaient cette manière respectueuse de saluer et l'employaient dans les mêmes circonstances que les
Indous. »

Ici nous sommes en présence d'un de ces traits
peu importants en apparence dont nous parlions,
mais qui sont essentiellement caractéristiques de la
race. Les castes de l'Inde, dont la vie fut réglementée
dans ses moindres détails, avaient chacune un salut
spécial, qu'elles employaient pour les gens des
castes supérieures, un autre pour répondre à ceux
de leur propre caste, un troisième pour répondre
aux membres des classes inférieures.

Le salut que le soudra, ou membre de la caste
la plus infime, devait adresser à ses supérieurs, recevait le nom de schachtanga ou prosternation des
six membres.

Dès qu'un soudra, par exemple, apercevait un
brahme, il devait s'étendre immédiatement dans la
poussière, de façon que le bout de ses deux pieds,
ses deux genoux et ses deux coudes touchassent en
même temps la terre, et dans cette posture ils devaient attendre que l'homme de la caste supérieure
se fût éloigné; c'est ainsi que tout homme, quelle
que fût sa naissance, devait se présenter également
devant les autels et les statues des dieux.

Nous venons de voir que cette coutume était pareillement en usage chez les Chaldéens, les Hébreux et les Égyptiens; de tels usages, essentiellement variables dans leurs formes, ne peuvent provenir que d'institutions identiques, et plus ils paraissent de minime importance, plus ils indiquent des liens étroits de parentés entre les divers peuples qui les possèdent. La coutume étrangère ne tente l'imitation que quand elle attire les regards ou met en jeu quelque passion. Tout un peuple ne reçoit pas d'un autre qui lui est étranger ses formules de salutation. Cela naît avec les premières tentatives de groupement social, et ces mœurs se conservent parce qu'on n'a jamais un motif sérieux d'en changer, et que tel salut n'est jamais un progrès sur tel autre.

CHAPITRE III.

DE LA NÉCESSITÉ, POUR LES INDOUS ET LES SÉMITES, DE SE CHOISIR UNE FEMME DANS LEUR LIGNÉE.

« Que le dwidja (Indou deux fois né, c'est-à-dire régénéré par la science) qui a terminé ses études, se choisisse une femme dans sa caste et pourvue des signes convenables. »

(MANOU, liv. III, sloca 4.)

« L'obligation de se choisir une épouse dans sa caste et même dans la famille à laquelle il appartient, fut de tout temps imposée à l'Indou. »

(DUBOIS.)

L'expression de *famille* doit s'entendre ici dans le même sens que les Romains attachaient à celui de *gens.*

L'Indou est tellement attaché à cet usage, dont la

coutume religieuse lui fait une loi, que quand il est établi en pays étranger, on lui voit faire souvent quatre à cinq cents lieues, pour revenir au pays natal, chercher des femmes pour ses fils et des maris pour ses filles. Celui qui n'agirait pas ainsi serait immédiatement chassé de sa caste et de sa famille.

Cette coutume fut générale également chez les Chaldéens.

Le livre des Nombres l'imposa aux Juifs.

« Ne commisceatur possessio filiorum Israel de tribu in tribum ; omnes enim viri ducent uxores *de tribu et cognatione sua;* et cunctæ fœminæ de eadem tribu ; maritos accipient... ne sibi misceantur tribus. Etc., etc. » (Voir nᵒ 36, v. 6, 7, 8, 9, 10 et 11.)

Dans la légende d'Abraham, venue de la Chaldée, nous voyons que ce dernier épousa sa nièce, et qu'il fit venir de loin une fille de sa parenté pour son fils Isaac. On sait que celui-ci et sa femme Rébecca ne pardonnèrent jamais à leur fils Ésaü de s'être marié avec des femmes étrangères, c'est-à-dire des Chananéennes. Ésaü même y perdit son droit d'aînesse.

Aussi Isaac eut-il bien soin d'envoyer son second fils Jacob dans une contrée fort éloignée du lieu où il habitait, se choisir une femme dans sa lignée.

Ces faits, ce nous semble, sont essentiellement caractéristiques de la race et de la famille.

CHAPITRE IV.

DE QUELQUES AUTRES COUTUMES DE MARIAGE.

Swayambhouva, en divisant son corps en deux parties, mâle et femelle, créa l'homme mâle et femelle également, mais ils sont deux parties du même corps, l'époux et l'épouse ne formant qu'un seul corps.

(*Prescriptions brahmaniques du Nittia Carma.*)

« Relinquet homo patrem suum, et matrem, et adhærebit uxori suæ et erunt *duo* in carne *una.* »

(*Genèse,* ii, v. 24).

Chez les Indous, tous les jeunes gens sont mariés dès l'âge de seize ans, celui qui ne satisferait pas à cette coutume serait noté d'infamie et repoussé de sa caste, comme ne payant pas la dette des ancêtres qui est la procréation d'un fils pour l'accomplissement sur la tombe du père de famille, des cérémonies funéraires, et l'offrande du sacrifice aux mânes.

Toutes les jeunes filles sont fiancées dès la plus tendre enfance, mais elles ne sont conduites à leurs époux, que quand elles sont arrivées à l'âge de puberté.

Les Hébreux mariaient aussi leurs enfants de bonne heure; tout garçon qui n'était pas marié avant dix-huit ans, péchait contre le principe biblique « Croissez et multipliez », il pouvait se marier dès qu'il avait dépassé sa treizième année. Les filles étaient aussi fiancées dès leur bas âge, mais on ne les mariait qu'à l'âge de la puberté.

Chez les Indous, le mariage des veuves était sévèrement interdit.

Chez les Juifs, la prohibition n'était point aussi formelle, mais celles qui conservaient pieusement leur veuvage, étaient beaucoup plus honorées que les autres pendant tout le cours de leur vie.

Dans l'Inde, une des cérémonies du mariage consiste, pour les deux époux, à placer devant eux une corbeille pleine de graines de riz et à se les répandre mutuellement sur la tête.

Chez les Juifs, on répandait également sur la tête des deux époux, des graines de froment, mais avec plus d'abondance sur la femme, en prononçant ces paroles de l'Écriture : « Croissez et multipliez ». Les

Juifs d'Orient pratiquent encore cette cérémonie de nos jours.

Il est une autre coutume fort curieuse que nous avons nous-mêmes observée pendant notre séjour dans l'Inde, mais nous laissons sur ce sujet la parole à Dubois qui en rend compte de la manière suivante :

« Les dépenses du mariage sont considérables dans l'Inde. On voit surtout dans toutes les castés plusieurs jeunes gens dépourvus des moyens de les faire qui, pour se procurer une femme, ont recours au même expédient que celui dont usa Jacob avec Laban. De même que ce patriarche, l'Indou sans fortune entre au service d'un de ses parents ou de toute autre personne de sa caste qui a des filles à marier, et il s'engage à le servir, pendant un certain nombre d'années, à condition qu'au bout de ce temps il obtiendra la main d'une de ses filles. Le terme convenu étant expiré, le père remplit ses engagements, fait de ses deniers tous les frais du mariage, et permet ensuite aux deux époux de se retirer où bon leur semble. En les congédiant, il leur donne une vache, une paire de bœufs, deux vases de cuivre, l'un pour boire, l'autre pour manger, et une quantité de grains suffisante pour se nourrir durant la première année de leur ménage. Mais ce qu'il y a de remarquable, c'est que le nombre d'années de service requis dans l'Inde pour avoir une femme à ces conditions est le même pour lequel Jacob s'engagea à servir Laban, c'est-à-dire sept ans. (*Gen.*, XXIX, v. 20.) »

Nous ajouterons que, dans toutes les familles pauvres, le père est dans l'habitude, pour éviter à ses fils le désagrément de voir retarder leur mariage au delà de de l'âge viril, de les placer comme pâtres chez des parents plus aisés, dès l'âge de huit à neuf ans, en posant comme condition qu'ils fianceront de suite leurs jeunes serviteurs avec leurs filles de quatre ou cinq ans, et qu'au bout de sept ans de service, ils feront tous les frais de mariage et les cadeaux accoutumés.

Dans les mariages ordinaires, l'Indou est obligé non-seulement de supporter toutes les dépenses du mariage, mais encore il doit payer, selon sa fortune ou sa caste, une certaine somme au père de sa fiancée ; de là, se marier ou acheter une femme sont deux expressions synonymes dans l'Inde.

Même coutume chez les Hébreux où le mari était également obligé de donner des présents souvent considérables à son beau-père.

« Sichem dit au père et aux frères de la fille : imposez-moi un grand douaire et de grands présents, et je les donnerai comme vous me direz, et donnez-moi la jeune fille pour femme. »

(*Gen.*, chap. xxxiv, v. 11 et 12.)

Voir aussi Genèse, chap. xxxi, v. 15 ; Rois, chap. xxiii, v. 15, et Osée, chap. iii, v. 2.

Toutes ces coutumes, les Sémites hébraïques les tenaient des Sémites chaldéens, leurs ancêtres. Pourrait-on soutenir que leur parfaite concordance avec celles de l'Inde est un effet de pur hasard... toute critique historique et ethnographique serait alors impossible.

Il n'y a qu'un moyen de les expliquer... un berceau commun.

CHAPITRE V.

LA PURIFICATION DES BRAHMES ET DES LÉVITES.

Lorsque le jeune brahme se faisait recevoir pourohita, ou prêtre sacrificateur, la première cérémonie qu'il devait subir était la purification par l'eau lustrale, et ensuite on lui rasait le poil sur toutes les parties du corps :

« Que le novice introduit près de l'étang sacré y fasse par trois fois ses ablutions, en retenant son haleine, et que dans l'intervalle de chaque ablution il prononce tout bas le mystérieux monosyllabe AUM, que le poil soit ensuite rasé sur toutes les parties de son corps... »

(*Prescriptions brahmaniques du Nittia-Carma*).

Cette cérémonie devait être ensuite renouvelée à l'époque de leur mariage et chaque fois qu'ils assistaient à quelques funérailles.

« Dans plusieurs provinces du sud, les habitants se font raser toutes les parties du corps où croît le poil, depuis la tête jusqu'aux pieds, excepté les sourcils; et cette pratique *est partout généralement observée par les brahmes* le jour où ils se marient, et dans d'autres occasions solennelles. »

(DUBOIS.)

Cette pratique était en usage chez les Hébreux pour les mêmes fins et faisait partie des cérémonies religieuses.

Nous lisons au livre des Nombres, chap. VIII, v. 5, 6 et 7 :

« Puis l'Éternel parla à Moïse, disant :

« Prends les lévites d'entre les enfants d'Israël et purifie-les.

« Tu leur feras ainsi pour les purifier. Tu feras aspersion d'eau de purification sur eux, et ils feront passer le rasoir sur toutes les parties de leur corps, couvertes de poil, ils laveront leurs vêtements et ils seront purifiés. »

Ces textes, croyons-nous, peuvent se passer de commentaire.

CHAPITRE VI.

SOUILLURES OCCASIONNÉES PAR LES MORTS.

Nous avons donné, page 148, à propos de notre étude sur les Cafres, le long passage de Manou, sur les impuretés occasionnées par les cadavres des morts. Qu'on le compare avec les prescriptions suivantes du chap. xix, des Nombres, versets 11 et suivants.

« Celui qui touchera un corps mort, de quelque personne que ce soit, sera souillé sept jours.

« Il se purifiera avec l'eau d'aspersion, le troisième jour, et au septième jour il sera pur ; que s'il ne se purifie pas au troisième et au septième, il ne sera pas pur.

« Tout homme qui aura touché le corps de quelque personne qui sera morte, et qui ne se sera point purifié, a souillé le pavillon de l'Eternel, aussi une telle personne sera retranchée d'Israël, car elle sera souillée, parce que l'eau d'aspersion n'aura pas été répandue sur elle, sa souillure demeure encore en elle.

« Cela est la loi, quand un homme sera mort dans quelque tente, quiconque entrera dans la tente, et tout ce qui sera dans la tente sera souillé sept jours.

« Et tout vase découvert, sur lequel il n'y a point de couvercle attaché, sera souillé sept jours.

« Et quiconque touchera, dans les champs, un homme qui aura été tué par l'épée ou quelque mort, ou quelque ossement d'hommes, ou un sépulcre, sera souillé sept jours.

« Et on prendra pour celui qui sera souillé de la poudre de jeune vache brûlée (dans l'Inde, c'est de la bouse de vache délayée dans l'eau), et on les mettra dans un vaisseau, et de l'eau vive par-dessus.

« Et un homme qui sera pur prendra de l'hysope, et l'ayant trempé dans l'eau, il en fera l'aspersion sur la tente, sur tous les vases, sur toutes les personnes qui auront été là, et sur celui qui aura touché l'os, ou l'homme tué, ou le mort, ou le sépulcre.

« Il en fera l'aspersion au troisième et au septième jour, et il le purifiera le septième et il se lavera avec de l'eau, et le soir il sera pur »...

Nous le demandons à l'esprit même le plus prévenu,

est-ce que les prescriptions du vieux Manou et celles de la Bible n'émanent pas de conceptions hygiéniques identiques, mises sous la protection de l'idée religieuse ? Est-ce que toutes ces idées ne sont pas pour nous servir de cette expression linguistique, réductibles à un type commun ?

CHAPITRE VII.

LES EFFETS DE LA MALÉDICTION
ET DE LA BÉNÉDICTION DU PÈRE DE FAMILLE.

La bénédiction ou la malédiction du père de famille avait, dans l'Inde, d'après la croyance générale, des effets extraordinaires, elle suivait, en effets heureux ou malheureux, les enfants qui en avaient été l'objet jusque dans leur descendance la plus reculée. Les livres sacrés sont pleins de récits, de la prospérité ou des châtiments extraordinaires qu'elles ont entraînées.

Les mêmes idées avaient cours chez les Sémites.

On sait les effets que produisirent la malédiction de Noé contre son fils Cham, et la bénédiction accordée à Sem et à Japhet.

On connaît également le prix qu'Esaü et Jacob attachèrent à la bénédiction de leur père Isaac, bénédiction qui eut le pouvoir de reporter le droit d'aînesse sur le cadet.

L'acte de se faire précéder par un héraut qui crie devant les populations, les louanges de son maître, est également d'origine indoue.

« L'usage, dit Dubois, où sont les personnes de haut parage, gourous, rois, princes et gouverneurs de province de se faire précéder dans leur marche par des crieurs qui chantent leurs louanges, est général dans l'Inde. Ces crieurs font un long étalage de la noble origine de leur maître, de l'élévation de son rang, de son pouvoir sans bornes, de ses vertus, de ses excellentes qualités, et avertissent le public de rendre à un si grand personnage les honneurs et les hommages qui lui sont dus.

« Cet usage d'origine indoue a été adopté par les princes mahométans après l'établissement de leur domination dans l'Inde. Il paraît aussi d'après les témoignages des auteurs sacrés et profanes, que cette coutume existait également parmi les Hébreux. Voyez Genèse, chap. XLI, v. 43; Esther, chap. VI, v. 8, et plusieurs autres passages de l'Écriture, où ces crieurs sont désignés sous le nom de *præcones*. »

CHAPITRE VIII

IMPURETÉS DES FEMMES APRÈS LEUR ACCOUCHEMENT.

Extrait des *Prescriptions brahmaniques* du Nittia-Carma.

« Que le mari d'une femme qui ressent les douleurs de l'enfantement ne la quitte pas un seul instant, prêt à noter le quantième du mois, le jour, l'étoile du jour, le youga (âge), le carva (signe), l'heure et le moment où l'enfant vient au monde. Que pour ne rien oublier il mette tout cela par écrit. »

(Ces remarques doivent être transmises au pourohita qui dressera l'horoscope.)

« La maison où accouche une femme et tous ceux qui l'habitent sont souillés pour dix jours, avant ce terme ils ne peuvent communiquer avec personne.

« Que le onzième jour on donne au blanchisseur tous les linges et vêtements qui ont servi pendant cette période.

« Que la maison soit alors purifiée de la manière prescrite.

« Qu'en présence du pourohita la nouvelle accouchée tenant son enfant entre ses bras et ayant à côté d'elle son mari, aille s'asseoir sur une estrade de terre dressée au milieu de la maison et couverte d'une toile.

« Que le pourohita s'approche d'eux, et ayant fait le san-calpa (prière spéciale), offre en sacrifice à Vignessouera une colombe et un chevreau à toison rouge.

« Puis qu'il fasse le pounia-avatchana (consécration de l'eau lustrale).

« Qu'il verse un peu de cette eau dans le creux de la main du père, de la mère et de l'enfant, qu'il leur en fasse boire une partie et répande le restant sur leur tête.

« Qu'il asperge avec l'eau lustrale, la maison et tous ceux qui l'habitent, puis qu'il rejette dans l'étang sacré des ablutions ce qui lui reste. »

Cette cérémonie accomplie les parents doivent faire au pourohita un présent suivant leur situation de fortune, et l'officiant se retire, la souillure a disparu ; mais ce n'est qu'au bout d'un mois que l'a-couchée recouvre son parfait état de pureté, et jus-que-là elle est obligée de vivre dans un lieu isolé, sans communication avec personne.

Comparons maintenant la coutume sémitique.

Lévitique, chap. xii.

« L'Éternel parla aussi à Moïse, disant :

« Parle aux enfants d'Israël et leur dis : Si la femme après avoir conçu enfante un mâle, elle sera souillée pendant sept jours, elle sera souillée comme au temps de ses mois.

« Et elle demeurera trente-trois jours pour être purifiée de son sang, elle ne touchera aucune chose sacrée et elle ne viendra point au sanctuaire jus-qu'à ce que les jours de sa purification soient ac-complis.

« Que si elle enfante une fille, elle sera souillée deux semaines comme au temps de ses mois (c'est-à-dire la même souillure), et elle demeurera soixante-six jours pour être purifiée de son sang.

« Après que le temps de sa purification sera ac-compli soit pour le fils, soit pour la fille, elle présen-tera au sacrificateur un agneau de l'année en holo-causte, et un pigeon ou une tourterelle en offrande pour la souillure, à l'entrée du tabernacle d'assigna-tion.

« Et le sacrificateur offrira cela devant l'Éternel, et fera propitiation pour elle, et elle sera purifiée ; telle est la loi de celle qui enfante un mâle ou une fille.

« Que si elle n'a pas le moyen de trouver un agneau, alors elle prendra deux tourterelles ou deux pigeonneaux, l'un pour l'holocauste, et l'autre pour l'offrande, et le sacrificateur fera propitiation pour elle, et elle sera purifiée. »

La similitude des deux coutumes est indiscutable, seulement les Indous, ne distinguant pas la souillure contractée par la femme à la naissance d'un enfant mâle de celle qui l'atteint pour la naissance d'une fille, il est facile d'en indiquer les motifs.

Dans l'Inde, la femme a été constamment aimée, honorée, respectée ; bien que la loi l'ait placée sous la complète domination du mari, elle a toujours ordonné qu'on ne lui imposât aucuns travaux pénibles, aucune humiliation.

« Les maisons maudites par les femmes, a dit le vieux Manou, ne prospèrent jamais.

« Une femme vertueuse est le plus bel ornement de la maison...

« Dans toute famille où le mari se plaît avec la

femme, et la femme avec le mari, le bonheur est assuré pour jamais.

« Partout où les femmes sont honorées, les divinités sont satisfaites, lorsqu'on ne les honore pas tous les actes pieux sont stériles.

« Toute famille où les femmes vivent dans l'affliction, ne tarde pas à s'éteindre... etc... »

Ces prescriptions, et des mœurs naturellement douces, avaient donné à la femme une place au foyer à peu près égale à celle qu'occupe aujourd'hui sa descendante, la femme indo-européenne.

Chez les Sémites, qui de bonne heure avaient oublié les vieilles traditions de leur berceau, la femme ne fut jamais qu'un instrument de plaisir et une esclave ; et pour suivre la règle générale d'infériorité qui la frappait, il était nécessaire d'imposer à la mère qui accouchait d'une fille, une souillure d'une plus longue durée que celle qui l'atteignait quand elle mettait au monde un fils.

CHAPITRE IX.

SACRIFICES AU FEU. — IMPURETÉS DÈS CHOSES INANIMÉES.

Le sacrifice du homam est un privilége spécial des brahmes, et ces derniers doivent l'offrir au moins une fois tous les jours.

Ce sacrifice a le feu pour objet.

Il se fait en allumant un brasier que l'on consacre par des prières et dans lequel on jette des petits morceaux de bois de l'un des sept arbres reconnus comme sacrés dans la mythologie brahmanique. On y répand ensuite un peu de beurre clarifié et du riz bouilli, en accompagnant ces offrandes des mentrams, ou prières d'usage.

Deux fois par an ont lieu, dans toutes les pagodes, de grandes fêtes en l'honneur du feu, pendant lesquelles une foule d'Indous viennent consacrer leurs

fils et leurs filles au service du temple et à l'entre-
tien du feu sacré. Les garçons deviennent les musi-
ciens du culte, et les jeunes filles réçoivent le nom
de devadassi ou danseuses célestes (bayadères).

On sait à quel point le culte du feu fut en honneur
chez les Perses et les Chaldéens, qui y consacraient
également, chaque année, une foule de jeunes garçons et de jeunes filles.

Les Sémites hébraïques possédaient les mêmes
coutumes, ainsi qu'en témoignent les deux versets
suivants :

« Après cela Josiah démolit les maisons des *danseuses* qui étaient dans la maison de l'Éternel...

« Et il profana aussi le temple de Topheth, qui
était dans la ville du fils de Hinnam, afin qu'il ne
servît plus à personne pour y consacrer son fils ou
sa fille.

« Il ôta aussi de la maison de l'Éternel les chevaux
que les rois de Judas avaient consacrés au feu, etc... »

Nous avons parlé des souillures que faisait contracter aux personnes la présence ou l'attouchement
d'un mort. La même souillure, et pour les mêmes
causes, est encourue par les vases de terre, de cuivre ou de métal précieux, et les vêtements, et nul ne

peut s'en servir avant qu'ils aient été purifiés par le lavage et l'aspersion d'eau lustrale. Les brahmes poussent même le scrupule plus loin que les autres Indous, en ne permettant jamais à aucunes personnes étrangères de franchir le seuil de leur demeure, car tous les objets sur lesquels elles arrêteraient leur vue seraient souillés et nécessiteraient une série de purifications. Bien que l'impureté de ce fait soit bien moins grave que celle communiquée aux mêmes objets par le contact ou la présence d'un mort, les vases de terre souillés doivent être brisés, car ils ne peuvent jamais être purifiés.

Mêmes coutumes chez les Hébreux.

(LÉVITIQUE, ch. XI, v. 31 et suiv.)

« Ces choses vous seront souillées; quiconque les touchera mortes sera souillé jusqu'au soir.

« Aussi, s'il en tombe quelque chose, ayant touché aux morts, sur quoi que ce soit, il sera souillé, soit vase de bois, soit vêtement, soit peau ou sac. Quelque vase que ce soit, dont on se sert à faire quelque chose, sera mis dans l'eau et sera souillé jusqu'au soir, et après cela il sera net.

« Mais s'il tombe quelque chose ayant touché aux morts, sur quelque vase de terre que ce soit, tout ce que contiendra ce vase sera souillé et vous briserez ce vase, etc... »

Il est clair que toutes ces questions de souillures sont constitutives d'idées religieuses communes et de manières de vivre identiques... On nous dira que ces coutumes furent en usage chez la plupart des peuples de l'Asie... Mais c'est précisément pour cela que nous assignons à tous les Asiatiques le même berceau, car il nous est impossible d'imaginer qu'une foule de ces prescriptions, souvent les plus puériles, n'aient germé en même temps dans le cerveau de deux peuples de races différentes, surtout lorsque ces prescriptions n'ont aucune raison d'exister dans un sens plutôt que dans un autre.

Dites-moi, par exemple, que le bouddhisme, en Corée et au Japon, ne prouve pas nécessairement, bien qu'il soit la religion de ces deux contrées, que leurs habitants soient originaires des lieux où le bouddhisme a pris naissance...

Et je répondrai : Vous avez raison, ce n'est pas une preuve absolue ; on peut soulever les masses avec une réforme religieuse, et leur faire adopter avec enthousiasme un culte nouveau.

Mais montrez-moi deux hommes, un Sémite et un Indou, qui possèdent des centaines de coutumes semblables à celle qui consiste à briser son vase de

terre, dans lequel on apportait de l'eau, sur le passage d'un convoi mortuaire, parce que la seule présence du mort a souillé ce vase d'une manière irré-
missible... et je vous répondrai : Ces deux hommes
sont de la même race, ils se sont développés avec les
mêmes idées originelles.

CHAPITRE X.

L'ONCTION PAR LE SAFRAN ET L'HUILE PURIFIÉE.

Le safran pour les femmes et l'huile pour les hommes jouent dans l'Inde un rôle des plus importants, soit pour la toilette, soit dans les cérémonies religieuses.

L'huile que l'on emploie est celle que l'on obtient du fruit du cocotier. Chaque matin le brahme, en se levant, après avoir accompli ses ablutions, frotte d'huile les statues des dieux ; il recueille pieusement ce qui découle de leurs pieds, et cette huile sacrée est renfermée dans un récipient pour en oindre les instruments du culte, vases et autres objets, en frotter les malades, ou sacrer les prêtres et les rois et en oindre les morts.

Dans l'intérieur des demeures particulières, le père de famille accomplit la même cérémonie pour les dieux domestiques, et l'huile récoltée, sert dans toutes les fêtes de famille, à oindre le front des assistants pour éloigner les mauvais présages et leur attirer la protection du dieu sur les pieds duquel elle a été recueillie.

Chaque fois que l'Indou se prépare à un long voyage, il se rend à la pagode où moyennant quelque cadeau, il obtient un peu d'huile qui a été consacrée dans le temple, et dont la vertu est souveraine, contre les enchantements des magiciens, le mauvais œil, les malins esprits, les voleurs et en général contre tous les obstacles qu'il peut rencontrer sur sa route.

Pour la toilette de chaque jour, l'huile ordinaire suffit, et après les ablutions du matin, l'Indou se fait oindre tout le corps par sa femme, ainsi que les cheveux et la barbe, avec de l'huile simple épurée.

L'usage de l'huile était très-répandu également chez les Sémites, et ils s'en servaient dans les mêmes circonstances que les Indous. 1º Ils s'en oignaient la barbe et les cheveux. (Voir Psalm. 132. v. 2). 2º Dans les festins et les réjouissances publiques, ils s'en frottaient le corps, la tête et les pieds (voir Joan. 12. v. 3 ; Luc. 7. v. 36, 48 ; Math. 7, v. 17). 3º Ils oignaient les morts (voir Marc. 14, v. 8, — 16, v. 1. — Luc. 23. v. 56). 4º Ils s'en servaient pour sacrer les rois, les grands prêtres, et sanctifier les vases du tabernacle. (Exode 30. v. 26.)

CHAPITRE XI.

LA SÉPULTURE DES CRIMINELS.

Dans l'Inde, la sépulture était refusée aux criminels, aux suicidés, ou plutôt on ne leur accordait
que la sépulture donnée aux cadavres des animaux.

Leurs corps étaient jetés dans quelque lieu désert,
et recouverts simplement d'un monceau de pierres,
pour éviter que les chacals et les chiens ne vinssent
à les traîner dans les rues des villages.

Peut-être aussi, l'usage d'enfouir les criminels
sous des pierres vient-il de ce que ceux qui étaient
condamnés au supplice de la lapidation, étaient
abandonnés sous le monceau de pierres dont on les
avait recouverts. Il se peut alors que ce genre de sépulture ait été étendu même aux malfaiteurs morts
d'un autre supplice.

Les corps des criminels étaient, la plupart du
temps, chez les Sémites hébraïques, privés de sépul-

ture, ou, plutôt, ensevelis de la même manière. La Bible nous fournit de nombreux exemples, qui ont les plus grands rapports avec la coutume de l'Inde.

Ainsi Achaz, après avoir été lapidé, fut enseveli sous un monceau de pierres : « Lapidavit eum, omnis Israël... Congregaveruntque super eum acervum magnum lapidum qui permanet usque in presentem diem » (Josué, chap. vii, v. 25-26.)

Au sujet d'Absalon, il y est dit :

« Tulerunt Absalon, et projecerunt eum in saltu, et comportaverunt super eum acervum lapidum magnum nimis » (2 Rois, chap. xviii, v. 17).

Enfin Jérémie prédit que Joakim, le fils impie de Josias, n'obtiendra que la sépulture des ânes.

« Sepultura asini sepelietur putrefactus et projectus extra portas Jerusalem » (Jérém., chap. xxii, v. 19).

CHAPITRE XII.

PLEUREUSES À GAGES ET MANIFESTATIONS DE DEUIL.

Dans toutes les provinces de l'Inde, l'usage est généralement répandu de louer, pour les funérailles, des pleureuses à gages.

Dès qu'un individu vient à rendre le dernier soupir, tous ses proches vont immédiatement revêtir leurs plus beaux habits et reviennent entourer le corps.

La veuve alors, si c'est un homme marié, perce le cercle des parents, et s'en va, avec les signes de la plus vive douleur, se jeter sur le corps du défunt qu'elle embrasse en jetant les hauts cris. Elle le tient serré entre ses bras, jusqu'à ce que les parents, spectateurs de cette scène, jugent que c'en est assez de cette première démonstration de douleur, et viennent l'arracher à ses tristes embrassements. Cependant elle paraît ne céder que malgré elle à

leurs efforts, et fait mine de s'échapper sans cesse
de leurs mains pour aller se jeter de nouveau sur
les restes inanimés ds son mari.

Ses tentatives étant vaines, elle se roule par terre
comme une démoniaque qui se meurtrit à grands
coups de poing la poitrine, s'arrache les cheveux et
donne les signes du plus violent désespoir.

Après ces premières explosions de désespoir, elle
se lève, et, prenant un air plus calme, elle s'approche du corps de son mari, et, dans un long monolo-
gue, elle lui reproche de l'avoir quittée si tôt ; il
n'était donc pas sûr de sa fidélité et de son affection,
ne l'entourait-elle pas de soins, ne lui avait-elle pas
donné de beaux enfants, etc... et chaque parole est
entrecoupée de sanglots et de cris qui sont répétés
à l'unisson par tous les assistants.

Elle s'adresse alors aux dieux, contre lesquels
elle vomit d'horribles blasphèmes et des torrents
d'imprécations. Elle les accuse hautement d'injustice
pour lui avoir enlevé son appui.

Cette scène dure jusqu'à ce que son éloquence
épuisée ou la fatigue de ses poumons ne lui permettent pas d'en débiter davantage. Elle se retire
alors pour aller prendre du repos, et étudier de nouvelles phrases qu'elle viendra réciter sur le même ton
lorsqu'on se disposera à enlever le corps pour le
porter au bûcher.

C'es alors que commence le rôle des pleureuses à gages.

Lorsque ces femmes sont mandées pour assister à des funérailles, elles arrivent échevelées, à demi nues, et le reste de leur habillement en désordre ; se rangeant en groupe autour du défunt, elles commencent par pousser à l'unisson des cris lugubres en se frappant la poitrine en mesure. Elles pleurent, sanglotent, hurlent successivement. Tantôt adressant la parole au mort, chacune lui fait un compliment à son tour sur les mérites ou les bonnes qualités dont il était doué ; tantôt elles l'apostrophent vivement en lui représentant combien sa vie eût été nécessaire encore, et combien il a eu tort de mourir sitôt; enfin elles lui déclarent en propres termes qu'il ne pouvait pas faire de plus grande sottise que celle-là.

Elles se relèvent les unes les autres pour remplir ces fonctions tragiques, et elles continuent jusqu'à ce qu'on enlève le corps.

A ce moment tous les parents se réunissent autour du cadavre et font éclater leur douleur.

Ils déchirent leurs habits, se frappent la poitrine, se font des incisions plus ou moins profondes sur les seins, et, après s'être fait raser les cheveux et la barbe, ils accompagnent le mort au bûcher, ou à son tombeau, selon qu'il est brûlé ou enseveli, suivant les castes.

Ces formules de deuil étaient textuellement celles des Chaldéo-Babyloniens, et nous les retrouverons plus tard quand nous étudierons les traditions indo-européennes, en Grèce et à Rome.

A la mort de leurs parents et de leurs amis, les Hébreux faisaient éclater leur douleur et les signes extérieurs de l'affliction de la même manière.

Ils pleuraient, déchiraient leurs habits, se meurtrissaient la poitrine, s'arrachaient les cheveux et la barbe ou se les faisaient couper, et même se faisaient des incisions sur les seins.

« Même ainsi, a dit l'Éternel, n'entre point dans aucune maison de deuil, et ne va point pour pleurer, ni pour t'affliger pour eux, car j'ai retiré de ce peuple-ci, dit l'Éternel, ma paix, ma beauté, et ma compassion.

« Et les grands et les petits qui mourront en ce pays ne seront point ensevelis, et on ne les pleurera point, et personne ne se fera aucune incision sur la poitrine, ni se rasera pour eux. »

(Jérémie. chap. XVI, v. 5 et 6.)

C'est ainsi que Jérémie pendant la captivité,

défendait aux Hébreux toute marque de deuil, tout
signe de douleur sur la terre étrangère.

On peut voir les mêmes prescriptions au Lévitique,
chap. xix, v. 28 ; — chap. xxi, v. 5, et dans une
foule d'autres passages de la Bible.

Est-ce que l'ethnographie a jamais relevé, entre
deux peuples, des rapports de race plus évidents et
plus sérieux ?

CHAPITRE XIII.

LA MAGIE.

La magie semble avoir établi son lieu de prédilection dans la presqu'île de l'Indoustan.

Rien n'est attribué dans l'Inde à des |causes naturelles, et il n'est pas de sortiléges ou de maléfices dont les Indous ne croient les enchanteurs cápables[1].

Contradictions, contre-temps, événements malheureux, maladies, morts prématurées, stérilités de femmes, fausses couches, épizooties, tous les fléaux enfin, auxquels l'humanité se trouve en butte, sont toujours imputés aux pratiques occultes ou diaboliques de quelque enchanteur soudoyé par un ennemi.

Si un Indou, au moment où il est affligé d'un revers, est en mésintelligence avec quelque personne,

1. *Histoire des Vierges.*

c'est sur elle que portent à l'instant ses soupçons,
c'est elle qu'il accuse d'avoir eu recours à des procédés magiques pour lui nuire. Mais celle-ci ne supporte jamais une pareille imputation. Les esprits
s'aigrissent, la discorde gagne les parents et les
amis, et les suites de ce démêlé deviennent parfois
très-sérieuses.

Puis il y a toute la troupe des bons et des mauvais génies, constamment aux prises les uns avec les
autres. Chaque village, chaque maison ont les
leurs, et tout événement heureux ou malheureux est
invariablement attribué aux esprits mauvais ou
bons.

Malheur à celui qui part en voyage sans avoir
obtenu par de pieux sacrifices qu'un des esprits familiers de sa caste l'accompagne. Son corps est
exposé à devenir le rendez-vous de tous les esprits
errants qu'ils viendrait à rencontrer. Et une fois un
corps possédé par eux, ce n'est que par les exorcismes les plus coûteux, les mentrams — prières —
les plus énergiques et des présents considérables
faits aux temples, qu'on parvient à les faire changer
d'hôtellerie.

La vue seule d'un homme qui passe pour posséder le pouvoir magique inspire la plus profonde
terreur aux Indous.

Ces magiciens sont souvent consultés par les gens

qui désirent se venger de leurs ennemis en employant la voie des maléfices ; d'un autre côté, tel qui attribue à une cause de cette nature la maladie dont il est affecté, va invoquer le secours de leur art pour qu'ils les en délivrent par un contre-charme en faisant retomber son mal sur ceux qui le lui ont si méchamment causé.

Les Indous ont plusieurs livres qui traitent *ex professo* de toutes ces conjurations magiques ; le principal et le plus ancien est le quatrième Véda, l'Atharva-Véda, dont l'étude est réservée aux brahmes, et l'Agrouchada-Parickhai, qui est le code des magiciens secondaires.

Il n'est point de secret que la magie n'enseigne ; il y en a pour acquérir des richesses et des honneurs, pour rendre fécondes les femmes stériles, pour découvrir, en se frottant les mains et les yeux avec certaines mixtions enchantées, les trésors enfouis dans la terre ou cachés en quelque lieu que ce soit ; pour se rendre invulnérable et même terrible dans les combats, au moyen de quelques ossements qu'on porte sur soi. La seule chose qu'on n'y trouve pas exposée aussi clairement que les autres, c'est le moyen de ne pas mourir, et cependant qui sait combien d'alchimistes ont pâli dans les cryptes des pagodes, et combien de philtres étranges ils ont composés par arriver à surprendre le secret de se rendre immortels.

Ce n'est pas en faisant un pacte avec le diable, ainsi qu'on le racontait naguère de nos sorciers d'Europe, que les magiciens indous deviennent capables d'opérer tant de prodiges. Il suffit, pour rendre un Indou expert en magie, qu'il ait reçu du gourou — professeur — l'initiation obligée aux sciences surnaturelles, mais, par contre, si ce dernier le guide et lui communique son pouvoir, à son tour il lui doit obéissance.

Le pouvoir du gourou est immense. Si un dieu, un démon, un esprit dédaignent d'écouter un nouvel initié, celui-ci n'aurait alors, pour être obéi à la minute, qu'à répéter son injonction au nom de son gourou.

Brahma, Vischnou, Siva, c'est-à-dire les trois personnes de la trimourty, sont elles-mêmes soumises au commandement des magiciens. Il y a cependant certaines divinités que ces dernier évoquent de préférence. Au premier rang sont les planètes ; le nom de *graha*, sous lequel elles sont désignées, signifie l'*action de saisir*, c'est-à-dire de s'emparer de ceux qu'une conjuration magique leur enjoint d'aller tourmenter : viennent ensuite les boutams ou démons, qui représentent chacun un principe de destruction ; les pisatchas, rackchasas, nagas, souparnas et autres esprits malfaisants ; les chaktys, génies femelles qui violentent les hommes qu'ils rencontrent la nuit; Kaly, déesse du sang, et Marana-Devy, déesse de la mort.

Pour mettre tous ces esprits en action, le magicien a recours à diverses opérations mystérieuses, à des mentrams — prières, incantations, exorcismes, — à des sacrifices et à des formules différentes; il doit être nu s'il s'adresse aux déesses, et modestement vêtu s'il s'adresse aux dieux.

Les fleurs qu'il offre aux esprits qu'il occupe doivent être rouges, le riz bouilli teint du sang d'une jeune fille vierge ou d'un enfant, lorsqu'il s'agit de donner la mort.

Les mentrams ou prières ont en matière magique une telle efficacité, elles exercent un tel ascendant sur les dieux, même du premier ordre, que ceux-ci ne sauraient se dispenser de faire dans le ciel, dans l'air et sur la terre tout ce que le magicien ordonne.

M. Lenormand va nous dire maintenant ce qu'était la magie chez les primitifs habitants de la Chaldéo-Babylonie :

« Le grand ouvrage magique dont les scribes d'Assour-bani-pal avaient exécuté plusieurs copies d'après l'exemplaire existant depuis une haute antiquité dans la bibliothèque de la fameuse école sacer-

dotale d'Érech, en Chaldée, se composait de trois
livres distincts. Nous connaissons le titre d'un des
trois : *Les mauvais esprits*, car à la fin de chacune des
tablettes qui en proviennent, et ont été préservées
dans leur intégrité, se lit : Tablette n°... des Mauvais esprits. Comme ce titre l'indique, il était exclusivement rempli par les formules de conjurations et
d'imprécations destinées à repousser les démons et
autres esprits. Un second livre se montre à nous
dans ce qui en subsiste comme formé du recueil des
incantations auxquelles on attribuait chacun le pouvoir de guérir les diverses maladies. Enfin le troisième embrasse les hymnes à certains dieux, hymnes
au chant desquels on attribue un pouvoir mystérieux et surnaturel, et qui ont un caractère fort
différent des hymnes proprement liturgiques de la
religion officielle.....

« La formule des conjurations contre les esprits
malfaisants est très-monotone, elles sont toutes jetées dans le même moule. On commence par énumérer les démons que doit vaincre la conjuration,
pour qualifier leur pouvoir et en décrire les effets.
Vient ensuite le vœu de les voir repoussés ou d'en
être préservé, lequel est souvent présenté sous une
forme affirmative. Enfin la formule se termine par
l'invocation mystérieuse qui lui donnera son efficacité « esprit du ciel, souviens-t'en ! esprit de la

terre, souviens-t'en! Celle-là seule est nécessaire, et
jamais elle ne manque, mais on y joint aussi quelquefois des invocations semblables à d'autres esprits
divins.

« Je citerai comme exemple une de ces conjurations destinée à combattre différents démons, maladies et actions funestes telles que le mauvais œil :

> « La peste et la fièvre qui déra-
> cinent le pays.

> « La maladie qui dévaste le
> pays, mauvaise pour le corps, fu-
> neste pour les entrailles.

> « Le démon mauvais, le alal
> mauvais, le gigim mauvais.

> « L'homme malfaisant, l'œil
> malfaisant, la bouche malfaisante,
> la langue malfaisante.

> « De l'homme fils de son Dieu,
> qu'ils sortent de son corps, qu'ils
> sortent de ses entrailles.

> « De mon corps, jamais ils n'en-
> treront en possession.

> « Devant moi, jamais ils ne fe-
> ront de mal à une suite, jamais ils
> ne marcheront.

« Dans une maison, jamais ils n'entreront.

« Ma charpente jamais ils ne franchiront.

« Dans la maison de mon habitation jamais ils n'entreront.

« Esprit du ciel, souviens-t'en.

« Esprit de la terre, souviens-t'en..... »

Comme on le voit, il y a identité complète entre les superstitions exagérées de l'Inde et celles de la Chaldée. Mêmes objurgations contre les mauvais esprits, les démons, les maladies et les dangers inconnus. Seulement les formules d'incantations et d'exorcisme de l'Inde revêtent une couleur moins grossière que celles de la Chaldée, chez ce peuple amoureux du soleil et du beau langage, les conjurations magiques elles-mêmes revêtent souvent les charmes d'une rare poésie.

Voici un exemple que nous opposons à celui de M. Lenormand, et qui montrera quelle distance sépare, malgré leur commune origine, les grossières populations de la Chaldée de celles plus affinées des rives du Gange.

Cette incantation que nous empruntons à l'Agrouchada Parikchai, est destinée à chasser les mauvais esprits qui rôdent autour des cadavres pendant les funérailles, et c'est en même temps un appel aux esprits bienfaisants.

Ordinairement ce sont les devadassi ou vierges des pagodes qui chantent cette conjuration, avant qu'on emporte le mort au bûcher.

« Hors d'ici, chien maudit, pisatcha impur qui te repais des cadavres des morts, que viens-tu faire près de cette maison? cesse d'empester ces lieux de ton haleine fétide. Hors d'ici, chien maudit.

* *

« Va-t'en dans ta fosse ronger les os couverts de poussière et de mousse, dispute ta maigre pitance aux chacals puants et aux vautours aux pieds jaunes! Sur ce lit de cendres et d'herbes sacrées repose le corps d'un homme juste. Hors d'ici, chien maudit.

* *

« Fuyez tous, esprits infernaux, vous que la fumée des sacrifices a conduits jusqu'ici. L'homme juste laisse un fils qui le conduira au bûcher, et soustraira son cadavre à vos étreintes impures. Hors d'ici, chiens maudits.

***

« Il n'y a point d'oblation pour vous dans cette demeure ; les heures tombent une à une sans apporter d'adoucissement à votre misérable situation. N'essayez pas de vous glisser dans la dépouille de l'homme vertueux. Hors d'ici, chiens maudits.

***

« O saints brahmes, fermez la bouche, fermez les yeux, fermez le nez, fermez les oreilles, fermez toutes les ouvertures du corps du juste, afin que les mauvais esprits ne puissent s'y introduire. O saints brahmes, fermez la bouche avec les cinq parfums.

***

« Soufflez, vent du nord qui passez sur les plaines sacrées qu'arrose le Gange et portez aux cieux les parfums du sacrifice. Soufflez, vent du nord qui passez sur les plaines sacrées qu'arrose le Gange.

***

« Accours, oiseau chéri du Covinda — un des noms de Vischnou — viens recueillir dans tes serres puissantes l'âme purifiée de l'homme juste et conduis-la au séjour immortel des délices. Accours, oiseau chéri du Covinda.

*
* *

« Esprits bienfaisants des cieux, de l'air, de la terre, des forêts, des chemins, des eaux, des plaines désertes et du foyer domestique, venez tous accompagner l'homme juste au bûcher, éloignez de la route les sombres génies du mal. Venez tous, esprits bienfaisants.

*
* *

« Faites que le beurre liquide pétille dans la flamme doucement caressée par la brise des nuits ; l'ardeur du bûcher d'un homme de bien est agréable aux dieux. Que le beurre liquide pétille dans la flamme. »

Si les deux conjurations sont de la même famille, ayant pour but toutes deux de repousser les influences des mauvais esprits, elles ne décèlent pas la même culture intellectuelle ; l'incantation de la Chaldée se rapproche beaucoup plus de celles en usage chez les Indous des basses castes du Deccan, ancêtres plus directs des primitifs Chaldéo-Babyloniens.

Quand on compare les deux pays, l'Inde et la Chaldée, les deux civilisations se suivent constamment dans les mêmes proportions. Il est pour nous hors de doute, que les populations indoues qui colonisèrent les rives de l'Euphrate et du Tigre, appartiennent à l'émigration des castes les plus infimes.

On ne saurait énumérer les drogues, les ingrédients et les ustensiles, dont se compose l'attirail d'un magicien indou [1].

Il y a tels maléfices pour lesquels il lui faut employer les os de soixante-quatre animaux différents, ni plus ni moins; et parmi ces os d'animaux sont compris ceux d'un homme né le premier jour d'une nouvelle lune, ou d'une femme ou d'une vierge, ou d'un enfant, ou d'un paria, etc... Si tous ces ossements, mêlés ensemble, enchantés par des mentrams et consacrés par des sacrifices, sont enterrés dans la maison ou à la porte d'un ennemi, une nuit propice pour cela, d'après les instructions du gourou et l'inspection des étoiles, la mort de cet ennemi s'en suivra infailliblement.

De même si le magicien, sous le silence de la nuit, enfouit ces os aux quatre points cardinaux d'un camp ennemi, et se retirant ensuite à distance, prononce sept fois le *mentram de la déroute*, toutes les troupes que le camp renferme, périront entièrement, ou se dissiperont d'elles-mêmes avant que sept jours soient écoulés.

1. *Histoire des Vierges.*

Trente-deux armes enchantées, auxquelles on a offert en sacrifice une victime humaine, jettent dans une armée assiégeante une terreur telle que cent assiégés lui paraissent comme mille.

En pétrissant de la terre, tirée des soixante-quatre endroits les plus sales, — nous nous dispensons de suivre l'Agrachada Parikchai, dans l'énumération à laquelle il se livre à ce sujet, avec des cheveux et des rognures d'ongles de son ennemi, — on fait de petites figurines sur la poitrine desquelles on écrit le nom de celui dont on veut se venger, on prononce sur elles des paroles et des mentrams magiques, on les consacre par des sacrifices, et tout cela n'est pas plutôt achevé que les génies des *grahas*, ou planètes, vont saisir la personne à qui l'on en veut, et lui font subir mille maux.

On perce quelquefois ces figures avec une alêne, ou on les estropie de diverses manières, dans l'intention de tuer ou d'estropier en réalité celui qui est l'objet de la vengeance.

Il existe aussi dans l'Inde un autre genre d'ensorcellement appelé drichty-dotcha, ou sort jeté par les yeux. Tous les êtres animés, toutes les plantes tous les fruits y sont sujets.

Les Indous sont sur ce point d'une telle crédulité qu'ils s'imaginent, à chaque acte de leur vie, même le plus indifférent, à chaque pas qu'ils font, avoir

reçu d'un voisin, d'un passant, d'un parent même,
le drichty-dotcha. Rien en apparence ne fait connaître les gens qui possèdent le mauvais œil, ceux
qui l'ont souvent même, ne s'en doutent pas, aussi
tout Indou fait-il accomplir sur lui, sur sa famille,
sur ses champs et sa moisson, plusieurs fois par
jour la cérémonie de l'arratty, qui dès la très-haute
antiquité a été inventée pour déjouer tous les maléfices provenant de la fascination des yeux.

Nous ne nous étendrons pas plus longuement sur
ce curieux sujet, que nous n'aurions fait qu'indiquer du reste, l'ayant traité déjà aussi complètement que possible dans l'*Histoire des Vierges*, si ces
coutumes étranges n'offraient, dans leurs moindres
détails, matière aux rapprochements les plus frap-
pants avec les pratiques magiques des Chaldéens.

Les Sémites hébraïques ne nous ont pas laissé
d'ouvrages spéciaux sur la magie, mais il est hors
de doute, et la Bible en témoigne à chaque pas, qu'ils
connurent les pratiques des sciences occultes, et s'en
servirent dans le même sens que les Indous.

Dubois, qui n'avait aucun intérêt à rattacher les
Sémites hébraïques à l'Inde, ne peut s'empêcher de
penser qu'ils tenaient ces coutumes des Indous, ou
les avaient puisés à une source commune.

Voici ce qu'il en dit :

« Si les Hébreux et les différents peuples que l'Écriture représente comme adonnés à ces superstitions ne les avaient pas reçues des Indous, au moins devaient-ils les uns et les autres en avoir puisé l'habitude aux mêmes sources. On sait combien les magiciens et les devins étaient en crédit parmi les enfants d'Israël. Jeovah, par la bouche de Moïse, défendit sévèrement à ceux-ci de les consulter (Lévit., chap. xix, v. 31, id.; chap. xx, v. 6). Saul, qui avait fait de vains efforts pour les exterminer ou les expulser entièrement, eut la faiblesse de recourir aux évocations de la pythonisse d'Endor. »

On sait également que Josiah et Elquiah durent s'appuyer sur la magicienne Holda pour le succès de leur révolution religieuse.

CHAPITRE XIV.

LE NOMBRE SEPT DANS L'INDE ET CHEZ LES SÉMITES HÉBRAIQUES.

Le nombre sept fut dans l'Inde un nombre fatidique ; on peut juger de la haute estime dont il jouissait par une foule de lieux et de noms d'objets d'une profonde vénération, et qui vont toujours par sept, tels que : [1]

Sapta-richis, les sept sages.
Sapta-poura, les sept cités saintes.
Sapta-douipa, les sept îles saintes.
Sapta-samoudra, les sept mers saintes.
Sapta-nady, les sept fleuves sacrés.
Sapta-parvata, les sept montagnes saintes.
Sapta-arania, les sept déserts sacrés.
Sapta-vrukcha, les sept arbres sacrés.

1. *Christna et le Christ.*

Sapta-coula, les sept castes.

Sapta-loca, les sept mondes inférieurs et supérieurs.

Les sannyasis et les vanaprasthas portaient un bâton et une corde à sept nœuds, ce bâton à sept nœuds des fakirs leur servait à prédire l'avenir, à tracer des figures sur le sable en interrogeant les astres, et à trouver des sources pendant la saison sèche, si terrible dans l'Inde.

C'est l'instrument de la rabdomancie, ou divination par la baguette, que nous retrouvons entre les mains des magiciens de Pharaon, de Moïse, d'Aaron, d'Élisée et de tous les prétendus prophètes ou magiciens.

Le nombre sept est également fatidique dans les croyances religieuses des Sémites hébraïques.

Jeovah se repose le *septième* jour de la création.

Les terres doivent se reposer tous les *sept* ans.

Les murailles de Jéricho s'écroulent au bruit de *sept* trompettes, sonnées par *sept* prêtres pendant *sept* jours.

Les Hébreux entrent dans la ville après en avoir fait *sept* fois le tour.

Le grand chandelier d'or du temple a *sept* branches dont les sept lumières représentent les *sept* planètes.

Jean ,dans son rêve mystérieux de l'Apocalypse,

ramène tout également au nombre de sept. Il parle de *sept* Églises, de *sept* chandeliers, de *sept* étoiles, *sept* lampes, *sept* sceaux, *sept* anges, *sept* fioles, *sept* plaies, etc....

Ce chiffre fut également fatidique en Chaldéo-Babylonie , comme en témoigne l'incantation suivante, dont nous empruntons la traduction à M. Lenormand.

« Le soir de mauvais augure, la région du ciel qui produit le malheur.

« Le jour funeste, la région du ciel mauvaise à l'observation.

« Le jour funeste, la région du ciel mauvaise qui s'avance.

« Message de la peste.

« Ravageurs du Nin-ki-gal.

« La foudre qui fait rage dans le pays.

« Les *sept* dieux du vaste ciel.

« Les *sept* dieux de la vaste terre.

« Les *sept* dieux des sphères ignées.

« Les *sept* dieux des légions célestes.

« Les *sept* dieux malfaisants.

« Les *sept* fantômes mauvais.

« Les *sept* fantômes de flammes malfaisants.

« Les *sept* dieux du ciel.

« Les *sept* dieux de la terre.

« Le démon mauvais, le *alal* mauvais, le *gigim* mauvais, le *telal* mauvais, le dieu mauvais, le *maskim* mauvais.

« Esprit du ciel, souviens-t'en ; Esprit de la terre, souviens-t'en. etc...

Que l'on tourne et retourne ces étranges similitudes dans tous les sens, nous défions qu'on les puisse expliquer en dehors d'une origine commune aux trois peuples. S'il s'agissait d'un ou deux faits isolés, nous comprendrions l'hésitation ou le doute, mais est-ce qu'on ne voit pas, à mesure que nous avançons dans ces comparaisons, que la civilisation dite sémitique et la civilisation indoue sont le recto et le verso de la même feuille... et dans le même livre ?

CHAPITRE XV.

TEMPLES ET BOIS SACRÉS.

Tous les peuples historiques, c'est-à-dire ceux dont les faits et gestes ont été conservés par la tradition orale ou écrite, sont arrivés à la notion d'une force supérieure, qu'ils ont parée à peu près des mêmes attributs, et à laquelle partout ils ont élevé des temples.

Ces sortes de constructions, où la superstition attire les masses, ne peuvent donc jamais constituer, par cela seul qu'elles existent, un élément caractéristique de race. Mais il peut arriver qu'une spécialité quelconque de leur architecture, un emplacement particulier, constamment choisi à l'exception de tout autre, et certaines dispositions extérieures, indiquant une tradition constamment la même, soient considérés comme un signe évident de parenté chez les peuples qui les ont adoptés.

Les Indous ont toujours placé l'asile de leur crédulité dans *des lieux élevés*, à proximité de cours d'eau et d'étangs, et, circonstance particulière, les ont toujours entourés de bois sacrés ; c'est sous leurs ombrages que les prêtres initiaient les novices aux mystères et aux jongleries inconnues de la foule, et qu'aux jours solennels les divinités venaient rendre leurs oracles.

Dans ces bocages étaient remisés les chars du soleil et l'image du lingam (le phallus), et c'est là également que se trouvaient les demeures des danseuses sacrées ou devadassi.

« Cet usage, dit Dubois, de construire sur les lieux élevés des édifices consacrés au culte religieux, a pu être remarqué par toutes les personnes qui ont voyagé dans l'Inde ; il est peu de montagnes où se trouve un puits ou une source qui ne soient surmontées d'un établissement de ce genre, et entourées d'un bois sacré. Le choix de ces emplacements n'est point dû au caprice ; on sait que le même usage existe chez la plupart des nations asiatiques. »

Le même orientaliste ajoute :

« Les enfants d'Israël choisissaient toujours *des*

lieux éminents pour s'y livrer aux exercices de leur religion, et Jéovah, prescrivant à ces derniers la conduite qu'ils devaient tenir en prenant possession de la terre de Chanaan, leur ordonne surtout de renverser les temples d'idoles érigés et autres lieux élevés « excelsa », de mettre en pièces ces idoles et d'abattre les bois sacrés « luci » dont ces édifices étaient entourés, à l'imitation des Indous ; l'Écriture revient souvent sur ces lieux élevés et sur ces plantations d'arbres. »

Il est curieux de remarquer à quel point la situation de ces temples et de ces bois sacrés était caractéristique de l'idée religieuse et de l'antiquité de la tradition, puisque lors de la révolution religieuse accomplie par Josiah et Helquiah, c'est surtout à ces dispositions particulières que s'adressèront les novateurs, lorsqu'ils voulurent détruire les souvenirs du culte primitif des Hébreux.

« Alors le roi commanda à Helquiah, le grand sacrificateur, et aux sacrificateurs du second rang, et à ceux qui gardaient les vases de tirer hors du temple tous les ustensiles qui avaient été faits pour Baal, et pour *les bois sacrés*.....

« Et il abolit les camars que les rois de Juda avaient établis quand on faisait des sacrifices dans les *hauts lieux*.....

« Il fit aussi emporter le *bois sacré* qui entourait la maison de l'Éternel hors de Jérusalem, dans la vallée d'Edron, et l'ayant brûlé.....

« Après cela il démolit les maisons des danseuses qui étaient dans les *bois sacrés*.....

« ..... Et il profana tous les *hauts lieux* depuis Guébah jusqu'à Beir-Seibah.....

« ..... Et il démolit les *hauts lieux* qui étaient à l'entrée des portes de Josué.....

« Au reste, les sacrificateurs des *hauts lieux* ne montaient pas à l'autel de Jérusalem.....

« Et il brûla les chars du soleil qui étaient dans les *hauts lieux*.....

« Et il profana encore les *hauts lieux* qui étaient vis-à-vis de Jérusalem, à main droite de la montagne des Oliviers.

« Il brisa aussi les phallus, coupa les bois sacrés.....

« Il démolit aussi l'autel qui était à Beth-el et le *haut lieu* qu'avait fait Jéroboam..... Il brûla le haut lieu, le réduisit en cendres et il brûla aussi le *bois sacré*.....

« Josiah ôta aussi tous les *hauts lieux* qui étaient en la ville de Samarie.....

« Et il sacrifia sur les autels tous les sacrificateurs des *hauts lieux* qui étaient là..... »

Il est inutile, croyons-nous, d'insister ; le nom de haut lieu indiquait si bien le temple, qu'il est constamment employé seul pour désigner l'édifice consacré aux dieux.

Il résulte des actes de destruction accomplis par Josias :

1° Que les temples d'Israël, avant cette révolution religieuse, étaient constamment bâtis dans les *lieux élevés*.

2° Qu'ils étaient entourés de bois sacrés.

3° Qu'on y remisait les chars du soleil.

4° Que là aussi se trouvaient les emblèmes du phallus.

5° Que les danseuses y avaient leurs habitations.

Toutes choses essentiellement caractéristiques des temples de l'Inde. C'est tout ce que nous désirions démontrer.

CHAPITRE XVI.

LA DETTE DES ANCÊTRES.

« C'est par les prières d'un fils, et les cérémonies funéraires qu'il accomplit sur leur tombe, que les ancêtres parviennent au séjour céleste. »

(Prescriptions brahmaniques du Nittia-Carma.)

Ce fait, que le père ne peut parvenir au séjour de Brahma que par les prières et les sacrifices offerts par son fils, domine tout le droit religieux des Indous. Aussi quand une femme était frappée de stérilité, était-elle obligée, par la loi religieuse, de conduire à son mari une de ses suivantes prise toujours dans sa parenté, afin que ce dernier eût d'elle ce fils, que sa femme légitime n'avait pu lui donner.

Par une fiction singulière, le nouveau-né était dit fils de la femme de son père, et non de sa mère naturelle, qui n'avait agi que par procuration de l'épouse légitime, et cette fiction n'était créée qu'en vue des cérémonies funéraires que le fils devait accomplir sur la tombe ou le bûcher de son père et de sa mère *légale*.

Malgré l'injonction formelle de la coutume religieuse, comme le fils qui devait naître de cette union passagère était dit *sien* et qu'il jouissait de tous les droits attachés à cet état, la femme légitime était libre de céder temporairement à une autre sa place au lit conjugal, et en aucun cas le mari ne pouvait se passer de son autorisation.

Cette union pouvait se changer en un véritable mariage, si la première femme y consentait, mais celle-ci gardait toutes ses prérogatives de maîtresse de maison, la seconde femme n'était qu'une épouse secondaire, et tous les enfants qui venaient par la suite à naître d'elle, aussi bien que le premier-né, étaient les fils et filles de l'épouse légitime avant d'être les siens.

« Je ne connais qu'un seul cas où un homme puisse dans l'Inde se marier légalement avec une autre femme du vivant de la première, c'est lorsque celle-ci, après une longue cohabitation, est déclaré, stérile, ou bien lorsqu'elle ne met au monde que des filles; car dans ce dernier cas *la dette des ancêtres*, c'est-à-dire la naissance d'un fils, n'est censée

acquittée qu'imparfaitement. Alors même, pour contracter un second mariage, le consentement de la
première femme est requis; elle est toujours considérée comme la principale épouse, et en conserve·
toutes les prérogatives. »

(DUBOIS.)

Même coutume chez les Sémites chaldéens et
hébraïques.

(Genèse, chap. XVI.)

« Or Sarah, femme d'Abraham, était sans enfants, mais ayant une servante égyptienne nommée
Agar.

« Elle dit à son mari : Voilà maintenant que le
Seigneur m'a privée d'enfanter, approchez-vous de
votre servante, *peut-être aurai-je des enfants d'elle*. Et
lorsque Abraham eut consenti à sa prière,

« Elle prit Agar sa servante, dix ans après qu'ils
eurent commencé à en habiter la terre de Canaan,
et la donna pour concubine à son mari. »

Voilà bien la coutume indoue dans toute sa
pureté.

Sarah est sans enfants, elle choisit une de ses ser-
vantes, et la conduit à son mari en disant : *Peut-être
aurai-je des enfants d'elle*.

Le fils qui naîtra sera sien ; on ne saurait nier

que nous ne soyons en présence de la même fiction
religieuse, devant produire les mêmes effets, et née
des mêmes besoins : « la nécessité d'avoir un fils qui
pût ensevelir son père et sa mère, accomplir sur
leur tombe les cérémonies funéraires, et payer la
dette des ancêtres. » Sans cette explication, la seule
admissible, cet acte volontaire de Sarah, pour se
procurer un fils qui n'est pas de son sang, serait im-
compréhensible.

Sans doute on pourra dire qu'Abraham désirait
un fils pour perpétuer son nom et sa race sur la
terre, pour lui laisser les troupeaux, les biens qu'il
possédait, et qu'il y a là une explication suffisante
de son action..... cela pourrait être pour Abraham,
qui était véritablement le père.

Mais qu'importait à Sarah un fils qui ne devait pas
sortir de son sein, une descendance qui ne serait
point la sienne. Maîtresse à la maison, elle risquait
de se donner une rivale, de perdre son autorité, et
tout cela pour donner des héritiers à son mari qui
ne fussent point de son sang ?

Cela n'est pas dans la nature et quiconque connaît
un peu le cœur humain n'admettra jamais une
pareille abnégation de la part de la femme, à moins
de motifs d'une gravité exceptionnelle, et il n'en
est pas pour les peuples primitifs de plus graves
que ceux qui émanent de la religion.

Les écrivains catholiques ont tellement senti qu'il y avait là une coutume qui ne s'expliquait point d'elle-même, que quelques-uns ont prétendu *gravement* que Sarah ayant eu l'intuition divine que de la race d'Abraham devait naître le *rédempteur*, elle craignait, se voyant sans enfants, que la parole de Dieu ne pût s'accomplir. Ces messieurs font jouer un bien singulier rôle à leur *intuition divine*; à tant faire que d'avoir une *intuition céleste*, il fallait au moins qu'elle ne fût pas erronée, et cette intuition aurait dû apprendre à Sarah que le prétendu rédempteur ne naîtrait pas de la race d'Agar, sa servante, mais bien de la sienne. Passons: aussi bien n'avons-nous fait mention de ce fait, que pour montrer que les catholiques ont eux aussi cherché une explication à cette coutume singulière.

Sarah a simplement voulu, suivant la vieille tradition indoue, s'assurer d'un officiant funéraire.

CHAPITRE XVII.

LE FILS DU MORT.

Cette nouvelle fiction va prouver d'une manière indiscutable l'exactitude des explications que nous avons données de la précédente.

Si le père de famille venait à mourir, avant d'avoir pu se procurer un fils suivant le mode que nous venons d'indiquer, l'importance de ne point le laisser privé des seules prières qui eussent l'efficacité de lui ouvrir le séjour céleste, était telle, qu'en vertu d'une nouvelle fiction on trouvait le moyen de lui donner un héritier [1].

Le frère, et à son défaut le plus proche parent, épousait la veuve du défunt, et le premier enfant mâle qui venait à naître était dit fils du décédé, héritait de lui, et dès que ses pas pouvaient le porter et ses lèvres balbutier quelques paroles, il com-

1. *Les Fils de Dieu.*

mençait à murmurer des prières sur la tombe ou
l'urne funéraire de celui qu'on lui avait donné pour
père.

Manou qui avait consacré cette coutume formulait
ainsi la loi :

« Que la jeune femme dont le mari vient à mourir soit épousée de nouveau par le plus proche parent, suivant la règle prescrite... et l'enfant qui naît
est dit fils du défunt. »

On voit de plus en plus combien était forte cette
croyance religieuse de l'Inde, puisque le frère ou le
parent le plus proche étaient obligés de se sacrifier
au défunt, d'épouser sa veuve, et de consentir à ce
que le premier né fût soustrait à leur tendresse ;
nécessité d'autant plus pénible que, si après avoir
engendré un fils, pour le compte de son frère ou de
son parent, le mari de la veuve ne pouvait en avoir
d'autres héritiers, il était obligé à son tour, pour
assurer l'accomplissement des cérémonies funéraires
à son décès, soit d'adopter un fils, soit d'en obtenir
un d'une étrangère.

La Bible, dans une foule de passages, témoigne
de coutumes identiques, mais elle ne les explique
pas, et semble avoir totalement oublié l'idée religieuse qui leur a primitivement donné naissance,
et qui seule peut les rendre compréhensibles.

C'est ainsi que les croyances et les habitudes se transmettant d'âge en âge, perdent leur cachet primitif, n'ont plus souvent ni nécessité ni raison d'être, se conservent à titre de coutumes des ancêtres, dont nul ne connaît plus bien l'origine, mais qu'on continue à observer par respect pour la tradition, bien que la tradition soit devenue muette.

Mais c'est alors qu'elles sont suivies d'une manière inconsciente que l'ethnographe relève avec plus de plaisir ces coutumes, car, dans ce respect d'usages incompris, il trouve les signes les plus indiscutables de filiation.

Du temps du chaldéen Abraham, la coutume qui nous occupe devait être encore vivante, le père et le fils aîné étaient les seuls prêtres de la famille. Lorsque les Hébreux, constitués en corps de nation, eurent des prêtres, le rôle du fils disparut dans les funérailles, et dès lors, si l'usage de se procurer un fils par des moyens d'exception, jurant avec tous les sentiments humains, s'est conservé, c'est pour nous un signe essentiellement caractéristique de race... on n'a pas voulu abandonner une coutume du vieux berceau indou.

Nous voyons, dans la Bible, que Ruth étant devenue veuve, suivit Noémie, sa belle-mère, de Moab en Bethléem, et comme elle n'avait pas d'enfants elle se rendit auprès de Booz, proche parent de son mari, et les choses se passèrent suivant la coutume que nous venons d'indiquer.

Booz épousa Ruth devant les anciens et le peuple, en disant :

« Vous êtes témoins que je prends pour femme Ruth, la moabite, veuve de Mahalon, afin que je fasse revivre le nom du mort dans son héritage, et que son nom ne s'éteigne pas dans sa famille, parmi ses frères et son peuple. »

Toute la scène qui précède cette union est singulière à noter, tellement elle indique des mœurs d'origine indoue.

Manou a dit :

« Que la jeune femme, dont le mari vient à mourir, soit épousée de nouveau par le propre frère, et, à son défaut, par le plus proche parent... »

Or Ruth avait un plus proche parent de son mari que Booz, et ce dernier ne la pouvait épouser que sur le refus du premier, et toutes choses vont se passer comme dans la vieille coutume des bords du Gange, où le parent, disposé à épouser, sommait le parent le plus proche, devant les anciens de la caste, de déclarer s'il entendait obéir à la loi.

« Booz donc monta à la porte et s'y assit, et comme celui qui avait le droit d'épouser avant lui passait, il lui dit : Toi, un tel, arrête-toi et assieds-toi ici, et il s'arrêta et s'assit.

« Alors il prit dix hommes des anciens de la ville, et il leur dit : asseyez-vous ici, et ils s'assirent.

« Puis il dit à celui qui avait le droit d'épouser avant lui : Nohémi qui est revenue du pays de Moab, a vendu la portion d'un champ qui appartenait à Elimélech, notre parent.

« Veux-tu exercer le retrait et user de ton droit d'épouser la veuve?

. . . .

« Car, au jour que tu acquerreras le droit de la main de Nohémi et de Ruth la Moabite, femme du défunt, tu acquerreras aussi Ruth, pour conserver le nom du défunt dans son héritage.

« Et celui qui avait le droit d'épouser dit : Je ne saurais le racheter, car je crains de faire passer mon propre héritage à un étranger... toi, prends pour toi ce droit.... et il dénoua son soulier, car c'était une ancienne coutume en Israël de céder son droit à son parent quand on refusait d'en user... »

Sur ce refus, Booz épousa Ruth.

Que l'on remarque bien la raison donnée par le

parent de son refus, et qui doit se traduire ainsi sous peine de n'avoir pas de sens :

— Je refuse d'épouser Ruth, car son premier né appartiendra à Mahalon, et si elle ne me donne pas un second fils, je n'aurai pas d'héritier, et mon héritage passera à mes parents.

De même Thamar, après la mort de Her, son mari, n'ayant pu concevoir d'Onan, frère de ce dernier, qu'elle avait épousé, et qui avait recours aux manœuvres les plus contre nature pour ne point susciter des enfants à son frère, *semen fundebat in terram*, ne craignit pas sous un déguisement, afin de ne point rester sans descendance, de provoquer les embrassements de Juda, son beau-père....

CHAPITRE XVIII.

ANIMAUX IMPURS DONT IL EST DÉFENDU DE MANGER.

Manou défend formellement de se nourrir de quadrupèdes aux *sabots non fendus*, excepté cependant de quelques-uns qui sont autorisés.

Le porc domestique, par opposition au sanglier qui est permis, est déclaré impur, quoique ayant le sabot fendu.

Tous les carnivores sans exception, tels que le milan, le vautour et l'aigle, sont prohibés.

Tous ceux également qui frappent avec le bec ou déchirent avec les griffes.

La même défense atteint le moineau, mais dans un but de protection, son utilité contre les insectes nuisibles avait été reconnue.

Puis, le cygne, le perroquet, la grue, le corbeau, le tihtibha, oiseau à huppe, le datyhouha ou pivert, et tous ceux dont la langue attire les insectes.

Tous les poissons, excepté ceux de l'espèce pa-thina et rohita, c'est-à-dire ayant comme eux écailles et nageoires, ne peuvent entrer dans la nourriture de ceux qui suivent la règle prescrite.

Tous les animaux enfin qui rampent sur la terre, ou la creusent de leurs griffes, sont proscrits comme plus impurs encore que tous les autres[1].

Il était interdit par la Bible aux Sémites hébraï-ques, de manger comme impurs tous les animaux ruminants, *qui n'ont point le sabot fendu*, et le porc, qui, bien qu'ayant le sabot fendu, ne rumine point.

Parmi les poissons, elle tolère ceux *qui ont écailles et nageoires*, repoussant tous les autres comme im-purs.

Entre les oiseaux, voici ceux que la défense at-teint :

L'aigle, le griffon, le faucon.

Le milan, le vautour et tous ceux de son espèce.

Le corbeau et ceux qui lui ressemblent.

L'autruche, le hibou, le larus, l'épervier et tous ceux de même race.

Le chat-huant, le cormoran, l'ibis.

Le cygne, le butor, le porphyrion.

Le héron, la cigogne, la huppe et la chauve-souris.

Tout ce qui vole et marche en même temps sur quatre pieds.

1. *La Bible dans l'Inde.*

Parmi les animaux qui rampent sur la terre, sont impurs et par conséquent prohibés :

La belette, la souris, le crocodile et tous ceux d'espèces semblables.

La musaraigne, le caméléon, le stellion, le lézard et la taupe.

Il est incontestable que ces prohibitions ont été faites dans un même but hygiénique, et indiquent des répugnances et des superstitions identiques.

CHAPITRE XIX.

LE MYSTÉRIEUX MONOSYLLABE.

Il existait dans la vieille religion brahmanique un mot mystérieux et terrible, renfermant en lui toute science divine et humaine, un mot qui rendrait celui qui en déroberait le sens supérieur aux dieux et égal à Brahma lui-même.

Ce mot, composé de trois lettres A-U-M, Aum ! était confié à la garde de l'ancien des anciens parmi les brahmes, et pendant longtemps il ne fut connu que d'un petit nombre d'initiés, qui avaient seuls le droit de le prononcer dans certaines solennités, sans cependant en posséder le sens.

Si par malheur, d'une façon ou d'une autre, un homme des trois castes autres que celle des prêtres, venait à entendre prononcer ce mot devant lui, il devait être immédiatement mis à mort.

On sait aujourd'hui que ce mot mystérieux était

l'emblème de Swayambhouva, l'être existant par lui-même, qui n'est pas à la portée des sens externes, que l'esprit seul peut percevoir, qui échappe aux organes des sens, qui est sans portée visible, éternel, l'âme de tous les êtres, que nul ne peut comprendre et ne comprendra jamais. Ces trois lettres renferment aussi le secret de la création par l'union mystérieuse de la force active et de la force passive de la pensée éternelle qui ont produit l'univers.

De là le symbole trinitaire du dieu Un et cependant possédant la double nature mâle et femelle, et du troisième terme, c'est-à-dire du fils qui représente le produit, c'est-à-dire l'univers.

Sous cette forme nouvelle, représentant la trinité dans l'unité, le sens du monosyllabe sacré fut conservé avec moins de rigueur, toutes les classes d'initiés en reçurent l'explication symbolique, mais il fut toujours environné d'allégories et de mystères pour le commun du peuple.

Manou n'en parle qu'une fois, et encore est-ce sans prononcer le mot, et pour ordonner de ne point le dévoiler.

« La sainte syllabe primitive *composée de trois lettres*, dans laquelle la *triade* védique est comprise, doit être gardée secrète comme un autre triple Véda. Celui qui connaît la valeur mystique de cette syllabe connaît le Véda. »

La mythologie brahmanique est pleine de faits extraordinaires destinés à prouver la puissance de ce mot magique. En voici un à titre d'exemple.

« Un jour, la jeune et belle déesse Parvady se promenait sur le bord de la mer; elle fut tout à coup saisie par Varouna qui l'entraîna avec lui dans le plus profond des abîmes. Grande désolation dans l'Olympe, tout le peuple des dieux fait retentir l'air de ses clameurs, et s'en va porter plainte à Brahma contre le dieu des eaux. — Je ne puis, répondit le maître des dieux, vous révéler le mot mystérieux qui seul aurait le pouvoir de détruire les conjurations de Varouna, mais il est au pays de Canya-Coubdja un saint ermite du nom de Narindra, qui, par le pouvoir des sacrifices et par ses austérités méritoires, est parvenu à la connaissance de cette syllabe sacrée ; allez le trouver, lui seul peut délivrer Parvady des enchantements qui la retiennent captive.

« En entendant ces mots, les dieux se réjouirent, et s'étant rendus au pays de Canya-Coubdja, ils rencontrèrent Narindra qui attendait, dans la contemplation et la prière, l'heure de se séparer de sa dépouille mortelle. — Viens avec nous, lui dirent-ils, viens sur les bords de la mer, le moment de ta dernière transformation est arrivée, et lorsque tu auras rendu la liberté à Parvady nous t'emporterons dans le séjour d'Indra.

« Le saint ermite les suivit, et arrivé sur le bord de la mer il murmura trois fois le mot mystérieux de Aum en se couchant dans le sable, et appuyant sa bouche sur les flots de façon à n'être pas entendu des dieux, et aussitôt les flots de l'Océan se séparèrent en deux comme deux vastes montagnes liquides, et du fond de la vallée des flots, Parvady débarrassée des enchantements qui la retenaient captive rejoignit la troupe des dieux. »

M. Lenormand va nous dire qu'il existait également chez les sémites de la Chaldée un mot mystérieux, jouant à peu près le même rôle que dans la mythologie brahmanique, et, chose extraordinaire, ou plutôt bien caractéristique de l'origine des deux croyances, il fera suivre ses explications d'une légende qui semble n'être que l'écho de celle que nous venons de donner.

« Le plus haut, le plus irrésistible de tous les pouvoirs réside dans le nom divin, mystérieux, le grand nom « le nom suprême », dont Ea seul à la connaissance.

« Devant ce nom, tout fléchit dans le ciel et sur la terre et dans les enfers ; c'est lui seul qui parvient à dompter les maskims et à arrêter leurs ravages. Les dieux eux-mêmes sont enchaînés par ce nom et lui obéissent.

« Dans le récit de la descente d'Istar aux enfers, la déesse céleste est retenue captive par la déesse infernale Allat. Les dieux du ciel s'émeuvent de son sort et cherchent à la délivrer : le soleil va trouver Nouah (nom assyrien d'Ea) auquel il faut toujours recourir quand il s'agit de rompre les enchantements, et lui raconte ce qui arrive à Istar.

« Nouah, dans la sublimité mystérieuse de son cœur, a pris une résolution : il a formé pour la faire sortir le fantôme d'un homme noir.

« Va pour sa sortie, fantôme. A la porte du pays immuable présente ta face.

« Que les sept portes du pays immuable s'ouvrent devant ta face.

« Que la grande déesse de la terre — Allat — se réjouisse devant ta face.

« Dans le fond de son cœur, elle se calmera et sa colère tombera.

« Prononce-lui le nom *des grands dieux*.

« Portant haut la tête, fixe son attention par des miracles.

« Pour principal miracle produis les poissons des eaux au milieu de la sécheresse. »

« Et en effet Istar est aussitôt délivrée.

« Le grand nom reste le secret d'Ea ; si quelque homme arrivait à le pénétrer, il serait, par cela seul, investi d'une puissance supérieure à celle des dieux. Aussi, quelquefois, dans la partie de l'incantation qui prend une forme dramatique, on suppose que Ea l'enseigne à son fils Silik-moulou-khi. Mais on ne le prononce pas pour cela, on ne l'inscrit pas dans la formule, et on pense que cette mention seule suffit à produire un effet décisif quand on récite l'incantation. »

N'est-ce pas la même idée symbolique ?

N'est-ce pas le même esprit qui a inspiré les deux légendes ?

Le nom de Jéovah fut longtemps entouré, chez les Juifs, de la même crainte superstitieuse, et la Bible nous apprend que Dieu ne s'était révélé sous ce nom à personne autre qu'à Moïse.

On sait également de quel mystérieux respect les kabbalistes juifs entouraient un des noms de leur dieu que le vulgaire n'était jamais admis à connaître [1].

« Le Talmud nous apprend que l'on connaissait autrefois trois noms pour exprimer l'idée de Dieu, à savoir : le fameux tétragramme ou nom de quatre lettres, puis deux autres, inconnus à la Bible, dont

---

1. Frank : *Kabbale hébraïque.*

l'un se composait de douze et l'autre de quarante-deux lettres. Le premier, quoique interdit au grand nombre, circulait assez librement dans l'intérieur de l'école. « Les sages, dit le texte, l'enseignaient une fois par semaine à leurs fils et à leurs disciples. »

Le nom de douze lettres était, dans l'origine, plus répandu encore. « On l'enseignait à tout le monde, mais quand le nombre des impies augmenta, il ne fut plus confié qu'aux plus discrets d'entre les prêtres, et ceux-là le faisaient réciter à voix basse à leurs frères pendant la bénédiction du peuple. »

Enfin le nom de quarante-deux lettres était regardé comme le plus saint des mystères. « On ne l'enseignait qu'à un homme d'une discrétion reconnue, d'un âge mûr, inaccessible à la colère et à l'intempérance, étranger à la vanité, et plein de douceur dans ses rapports avec ses semblables. »

« Quiconque, ajoute le Talmud, a été instruit de ce secret et le garde avec vigilance dans un cœur pur, peut compter sur l'amour de Dieu et sur la faveur des hommes ; son nom inspire le respect, sa science ne craint pas l'oubli, et il se trouve l'héritier de deux mondes, celui où nous vivons maintenant et le monde à venir. »

A ce sujet, Maïmonides observe, avec beaucoup de sens, qu'il n'existe, dans aucune langue, un nom

composé de quarante-deux lettres ; que cela est surtout impossible en hébreu, où les voyelles ne font
pas partie de l'alphabet. Il se croit donc autorisé à
conclure que ces quarante-deux lettres se parta-
geaient en plusieurs mots, dont chacun exprimait
une idée nécessaire ou un attribut fondamental de
l'Être, et que, tous réunis, ils formaient la vraie
définition de l'essence divine,

Les Indous enfermaient cette définition dans trois
lettres... A part cette différence, et en changeant les
noms, tout cela devient de l'histoire religieuse de
l'Indoustan.

CHAPITRE XX.

LA FORME DU MONDE.

La géographie est, sans contredit, de toutes les sciences, celle que les Indous ont le plus négligée. Mais leur ignorance en cette matière nous sera plus précieuse au point de vue ethnographique que ne l'auraient été les plus précieuses découvertes.

En effet, de ce que l'on trouve chez deux peuples les mêmes notions sur une science exacte, il n'en ressort pas forcément qu'ils aient puisé aux mêmes sources ; le cerveau humain est en possession partout de certaines idées absolues qui lui permettent de se constituer des connaissances que l'on tiendra pour vraies dans les différentes parties du globe, même en dehors de toute communication des unes avec les autres. Ainsi les principes des mathématiques et de la géométrie sont les mêmes partout.

Mais si un peuple, sans avoir la possibilité d'étu-

dier, remplace dans une science exacte la réalité
par l'invention, partout où nous rencontrerons la
même fable, nous dirons qu'il y a de très-fortes présomptions qu'elle a été puisée aux mêmes sources.

Les géographes indous, si on peut leur donner ce
nom, représentent tous la terre comme affectant la
forme ronde et creuse d'une moitié de noix de
coco.

Cette demi-sphère est supportée par quatre
énormes éléphants créés à cet effet par Brahma, qui
eux-mêmes reposent sur une gigantesque tortue
qui nage dans l'éther et supporte tout le fardeau.

Il n'est personne qui se soit un peu occupé d'études indianistes, qui n'ait vu une de ces grossières
images qui résume tout le bagage des connaissances géographiques des Indous.

Nous ne savons si les brahmes en ont jamais su
beaucoup plus long sur ce sujet, toujours est-il que
ceux qui avaient si bien observé les astres, qui firent faire des progrès importants à la géométrie et
à l'algèbre, semblent ne s'être jamais inquiétés de la
forme véritable du globe, et que l'on retrouve l'i-
mage demi-sphérique dont nous venons de parler,
avec tous ses accessoires sculptés, sur le fronton de
leurs temples dès la plus haute antiquité, et que
celle qu'ils y placent aujourd'hui est encore calquée
sur le même modèle.

« Au rapport de Diodore de Sicile, dit M. Lenormand, les Chaldéens ont une opinion tout à fait
spéciale sur la forme de la terre : ils croient qu'elle
a la figure d'une barque renversée et qu'elle est
creuse par-dessous. » Cette opinion, continue l'éminent assyriologue, se conserva jusqu'aux derniers
jours dans les écoles sacerdotales de la Chaldée ;
leurs astronomes l'admirent, et il paraît, toujours
d'après Diodore, qu'ils cherchaient à la justifier par
des arguments scientifiques. Mais elle remontait
aux temps les plus antiques, elle était un legs des
idées de la période purement accadienne... (Toujours les Accads ; nous dirons, nous, de l'époque de
l'invasion des populations du Deccan.)

« Que l'on s'imagine donc une barque retournée,
non pas une barque telle que nous avons l'habitude
d'en voir, mais un de ces esquifs absolument ronds
qui servent encore habituellement, sous le nom de
koufa, dans les parages du bas Tigre et du bas
Euphrate, et dont les sculptures historiques des
palais de l'Assyrie nous offrent la représentation...
Nous exprimerions aujourd'hui la même idée en la
comparant à un bol renversé.

Les Hébreux, qui s'occupèrent de ces questions
moins encore que les autres peuples de l'antiquité,
possédaient les mêmes idées sur la forme de la
terre.

Ainsi, Indous et prétendus Sémites se rencontrent pour donner à notre monde une forme identique, celle d'une demi-sphère creuse, d'une barque ronde ou d'un bol renversé.

Attribuera qui voudra ces singulières coïncidences à de purs accidents, pour nous, ces fables grossières, que nul n'est obligé de copier, que l'on ne respecte que parce qu'on en a trouvé la tradition dans son berceau, caractérisent beaucoup plus l'origine commune de deux peuples que les principes absolus d'une science exacte, nous venons de le dire, que nous rencontrerions chez eux.

CHAPITRE XXI.

ARIAS ET ARIOI.

Hérodote, livre VII, faisant le dénombrement des populations qui avaient primitivement habité la Chaldée, et d'où sont sortis plus tard Assyriens, Babyloniens, Mèdes et Parses, en indique sept qui parlaient des langues différentes.

D'après lui :

« Ces peuples se nommaient autrefois Arioi, les braves. »

On sait que les Indous portent aussi le nom d'Aryas, les braves.

CHAPITRE XXII.

UN TEXTE DE MANOU.

Voici un texte de Manou bien singulier, et qui montre que les Indous eux-mêmes avaient gardé un souvenir précis des différentes émigrations qui, parties de leur pays, avaient été coloniser les autres contrées de l'Asie et de l'Asie Mineure.

« Par l'omission des sacrements et la non-fréquentation des brahmes, les races suivantes de xchatrias sont descendues par degré dans ce monde au rang de soudras.

« Ce sont les Pandracas (*les Mahrattes*), les Odras (*peuples de la côte d'Orissa*), les Dravidas (*peuples du Deccan*), les Cambodjas (*peuples de l'Indo-Chine*), les Iavanas (*Les Ioniens ou Grecs d'Asie*), les Sacas (*les Saces*), les Paradas (*les Paropamisiens*), les Pahlavas (*les anciens Chaldéens et Parses*), les Tchinas (*les Chinois*), les

Kirâtas (*les populations du nord de l'Indus à la Caspienne*), les Daradas (*les Durds*) et les Khasas (*habitants du Cachgar*). »

Cette tradition du vieux législateur brahmanique est d'accord avec tout ce que l'ethnographie connaît aujourd'hui de ces peuples.

CHAPITRE XXIII.

LES INDOUS ET L'INFLUENCE ÉTRANGÈRE.

Nous ne pouvons mieux terminer la revue de toutes ces coutumes, mœurs, croyances et usages communs aux Indous et aux peuples que nous prétendons issus d'eux, qu'en posant cette question :

Les Indous étaient-ils faciles à l'influence étrangère? en d'autres termes, auraient-ils adopté successivement toutes les coutumes religieuses et civiles des peuples de l'Asie et notamment des Sémites Chaldéens et hébraïques?

Malgré l'absurdité de cette supposition, chez un peuple qui comptait déjà ses membres par millions, alors que les autres nations de l'Asie n'existaient encore qu'à l'état de peuplade, nous croyons devoir répondre, autrement que par le silence, parce qu'en ces derniers temps, le catholicisme aux abois, sous les révélations de l'Inde, qui lui signale chaque jour l'origine brahmanique de ses mystères, soutient dans toutes les sociétés savantes et dans tous les congrès, que la Judée a donné à l'Inde ses croyances, ses traditions, ses mœurs.

Cette opinion ne se soutient que par l'audace, l'ignorance des gens qui la mettent en avant, comptant sur la crédulité des masses, et le silence des savants officiels, que des nécessités de position. obligent à ne point rire de toutes ces prétentions grotesques, en dehors de leur cabinet.

Aux catholiques qui font de l'Indianisme dans les sacristies nous allons opposer l'opinion d'un catholique fervent, mais *honnête*, d'un catholique dont on ne récusera pas l'autorité, nous voulons parler du missionnaire Dubois, qui a vécu trente ans dans l'Inde, et à qui l'idée n'est jamais venue de trouver sous ses pas l'influence hébraïque et chrétienne.

Constatant lui-même les étranges rapprochements qui existent entre les mœurs des Indous et celles des Hébreux, il s'exprime ainsi :

« On ne saurait contester les traits saillants de ressemblance qui existent entre *un grand nombre* de pratiques usitées chez les Hébreux et chez les Indous.

Mais faut-il en conclure que ceux-ci ont emprunté les leurs aux premiers? *Je ne le crois pas.* Si elles se ressemblent quant au fond, elles diffèrent souvent par la forme, — différences de forme que l'éloignement du berceau commun suffit à expliquer. — D'abord, rien que je sache, dans l'histoire des Égyptiens ou dans celle des Juifs, n'atteste que ces peuples aient existé en corps de nation antérieurement aux Indous. La singularité des dogmes et des rites qui composent la religion de l'Inde; l'antipathie bien prononcée des indigènes *pour tout ce qui tient à l'imitation;* leur persévérance *à toute épreuve* dans les idées qui germèrent parmi eux à des époques qui se perdent dans la nuit des temps; l'intolérance, l'orgueil, la présomption des brahmes, et surtout l'aversion et le mépris qu'ils témoignèrent de tout temps pour les étrangers et leurs usages; *tout cela me porte à être convaincu que jamais les Indous n'empruntèrent rien à aucune autre nation.*

« Tout, chez les Indous, est empreint du cachet de l'originalité et de l'indépendance : *jamais ce peuple présomptueux et vain n'a pu condescendre à régler ses mœurs sur celles des étrangers envers lesquels il n'a cessé de se tenir à la plus grande distance possible.* »

Sur la même question, Herder a dit :

« Les Indous furent initiateurs, et jamais imitateurs. »

Il n'y a pas lieu d'insister.

CONCLUSION.

En présence de la question des origines du langage, la science officielle se voile la face et se recule aussi épouvantée, que s'il s'agissait [pour elle de trouver le mouvement perpétuel ou de résoudre le problème de la quadrature du cercle... Tous les torts ne sont peut-être pas de son côté.

Seuls les linguistes franco-allemands, presque tous doublés d'anthropologistes, et les hommes qui en fait de science et d'examen n'admettent que la tradition religieuse, prétendent avoir trouvé la solution de la difficulté.

D'après ceux-ci, pas n'est besoin de se troubler le cerveau; le langage a été fabriqué par Dieu, et l'homme l'a reçu de toutes pièces, avant même la conception des idées que les sons étaient destinés à rendre. Ils expliquent la diversité des langues par la tour de Babel. Pour les linguistes de l'école de

Schleicher, c'est le primate, précurseur de l'homme, autrement dit un singe perfectionné, qui a balbutié les premiers sons articulés, et qui, à l'aide de la parole, a conquis peu à peu la dignité d'homme.

De la science officielle nous n'avons rien à dire, puisqu'elle *imite de Conrard le silence prudent*.

Des gens de religion, nous ne nous inquiétons guère, et les laisserons tranquillement fonder des facultés bénies par Rome, à l'effet d'enseigner ces niaiseries qui, depuis le moyen âge, n'ont plus de place dans la science.

Quant aux linguistes, le cas est tout différent, car, si nous sommes en présence de gens intolérants parfois, systématiques toujours, du moins ne faisons-nous nulle difficulté d'avouer que nous sommes en présence de chercheurs avides, amoureux de science indépendante, et qui, sur le terrain de la linguistique pure, ont posé les bases de la véritable science.

Mais nous leur refusons le droit :

1° De poser leur homme singe comme un axiome indiscutable. En face d'un fait qu'on ne peut démontrer, il faut bannir même l'hypothèse, quand cette hypothèse doit, à titre d'axiome, servir de base à une science exacte. Sans cela, à quel titre repousserons-nous l'hypothèse de ceux qui voient en Dieu le créateur immédiat du langage ?

Que l'on suppose une race d'homme inférieure,

arrivant péniblement à la conquête du langage, comme à celle du feu et de ses instruments de défense, nous ne voyons à cela aucun danger scientifique, en se bornant surtout à dire que cela a dû être et non que cela a été, mais que l'on pose comme principe que le langage est parti du primate, c'est-à-dire d'un chimpanzé plus ou moins perfectionné, c'est ce que nous ne tiendrons jamais dans l'état actuel de la science comme une vérité d'ordre absolu.

2° De déclarer qu'il y a autant de races d'hommes différentes que de langages irréductibles à une forme commune. Est-ce qu'il n'y a pas des races qui, aujourd'hui sous nos yeux, parlent des langues différentes. Témoin les Basques, dont une partie parle encore la vieille langue nationale, tandis que l'autre n'entend plus que l'espagnol. Et les Bretons, beaucoup d'entre eux ne parlent-ils pas uniquement le français, tandis que d'autres ont conservé la langue celtique. Hé bien, faisons une supposition qui n'a rien d'absurde au point de vue historique.

L'Europe actuelle disparaît dans un bouleversement géologique où les deux tribus de Basques, l'une parlant encore *eskuara* et l'autre ne connaissant que l'espagnol, sont sauvées. Ceux qui parlent *eskuara* peuplent le nord de l'Europe, ceux des langues espagnoles le midi. Quelques siècles plus tard, amenez un linguiste de l'école de Schleicher et dites-lui :

Quels sont ces peuples?

Il examinera gravement les deux langues qu'ils parleront et non moins gravement encore il répondra : Ces peuples appartiennent à deux races entièrement distinctes, à *deux variétés primitives de l'organisation cérébrale propre à notre espèce.* Car les langues qu'ils parlent sont irréductibles à un type commun, et elles emploient des formes lexiques différentes.

Et le linguiste de l'école de Schleicher aura tort... ces peuples appartiendront bien à une seule et même race, n'en déplaise à tous les linguistes du monde, ils seront bien des Basques quoique parlant des langues différentes, et l'ethnographe le leur prouvera en rapprochant les mœurs, les coutumes, les croyances de ces peuples, qui malgré les siècles auront conservé de nombreuses similitudes.

C'est ce que nous avons tenté de faire, pour les peuples d'origine indo-asiatique.

Nous sommes ici en présence d'un vice constitutionnel de la linguistique pure, cette science telle qu'on l'entend dans la nouvelle école, n'étudie que ce qui est, comme un physiologiste qui dissèque; mais alors qu'elle ne pose pas de conclusion en dehors de ce qu'elle peut analyser, qu'elle ne dise pas il n'y a rien là où elle n'a rien découvert, car dans cet immense mouvement de la vie qui emporte les races, les peuples, les civilisations, les langues, il y a certainement des éléments linguistiques disparus à tout jamais, qu'elle ne pourra jamais étudier. Ce qui *est* n'est pas l'histoire du passé.

Qu'elle ne dise donc pas, tels et tels peuples ne sont pas sortis du même berceau, parce qu'ils parlent des langues différentes, que sait-elle si la langue commune n'a pas disparu.

Dans quelques siècles on ne parlera plus ni basque ni breton, est-ce qu'il faudra pour cela soutenir qu'il n'y a jamais eu, ou qu'il n'y a plus ni Bretons ni Basques.

Là où la langue a disparu, presque toujours les coutumes restent, et c'est pour cela que nous refusons énergiquement aux linguistes le droit de conclure de la linguistique à l'ethnographie.

Dans ces matières, où les documents, *scientifiquement absolus*, manquent pour constituer une science qui puisse porter le flambeau de la vérité dans la nuit du passé, nous répondrons aux linguistes par les propositions suivantes :

1° L'homme possédant psychologiquement et physiologiquement tout ce qu'il faut pour traduire sa pensée par le son articulé, a pu se former à lui-même son langage.

Nous disons psychologiquement, car la pensée a forcément précédé le langage.

2° La caractéristique de l'homme n'est pas le langage, mais la raison.

3° Le cerveau humain a parfaitement pu (nous ne connaissons pas de motifs qui s'y opposent), en partant d'un type commun de langage, le modifier ensuite, suivant les temps et les milieux où il s'est développé, aller, ainsi que nous l'avons vu, à la sonorité de la voyelle, ou au son muet de la consonne.

4° Malgré cela, rien ne s'oppose à la pluralité des races humaines, et chaque fois que les langues parlées par deux peuples seront irréductibles dans l'état présent, c'est-à-dire dans la période historique, il faudra, pour conclure à la parenté de ces peuples, de nombreuses identités de croyances, mœurs, usages, coutumes et traditions.

En un mot : identité de civilisation, et différence de langues, et nous dirons, comme pour le cas des Basques et des Bretons, que les peuples sont de la même race.

Différence de civilisation et de langues, et nous dirons que les peuples sont de races différentes.

5° Que des peuples de races différentes (Basques et Espagnols) peuvent parler une seule et même langue, de même que des peuples de même race peuvent parler des langues différentes (Basques eskueras et Basques espagnols).

6° Toutes les langues, quel que soit leur développement actuel, ont forcément passé par le monosyllabisme, ceci est admis par tous les linguistes ; qui donc peut prouver que tels ou tels peuples, dont toutes les traditions sont communes et les langues différentes, n'ont pas parlé, dans la période primitive du monosyllabisme, deux dialectes d'une vieille langue monosyllabique commune dans les âges antéhistoriques ?

Nous ne prétendons pas que cela soit, et nous nous en tenons à l'hypothèse ; mais enfin, devant les tendances de la linguistique moderne, à ne voir la caractéristique de race, que dans la manière dont les peuples forment les radicaux, il nous est bien permis d'opposer une hypothèse à ce qui, pour nous, n'est qu'une autre hypothèse.

La route, déblayée par ces propositions qui doivent être appliquées dans une juste mesure, nous dirons :

Que chaque fois que la linguistique et l'ethnographie sont d'accord, la communauté de race de plusieurs peuples est indiscutable.

Mais que chaque fois que la linguistique et l'ethnographie étant en désaccord, l'ethnographie présentera un ensemble imposant de coutume et de tradition communes à plusieurs peuples, nous nous contenterons de l'ethnographie, qui peut suivre pas à pas la transformation des mœurs et des idées par la tradition, pour donner à ces peuples une origine commune, car la linguistique, jusqu'à la période historique, jusqu'au moment où la langue vient à sa connaissance, ne peut rien savoir des transformations du passé, rien savoir des âges linguistiques, où, dans l'enfance du monosyllabisme, les radicaux ne s'étaient pas encore fixés.

Ceci posé, et les considérations qui précèdent pouvant s'appliquer aux trois groupes de peuples et de langues que nous avons étudiés, nous pouvons conclure en deux mots, et soutenir :

1° Que le groupe des peuples d'Asie parlant des langues monosyllabiques doit d'une manière absolue la civilisation à l'Inde, et que rien ne s'oppose à la communauté d'origine de ces peuples.

2° Que le groupe des peuples parlent les langues agglutinantes que nous avons étudiées, peut se subdiviser en plusieurs races diverses, mais qu'à part le groupe hottentot et celui des Australiens et des Papous, évidemment de races différentes, presque tous ont subi l'influence de la civilisation indoue, si même, ils n'ont puisé au foyer commun.

3° Que le groupe des prétendus Sémites parlant des langues à flexion est à tous les points de vue ethno.

graphiés de pure race indoue, et que la linguistique, devant les preuves nombreuses tirées des traditions religieuses, des lois civiles, de la constitution de la famille, des mœurs, des usages, des superstitions que nous venons de donner doit s'incliner
devant l'ethnographie.

Au lecteur indépendant de toute secte et de toute
école, de dire si les extraordinaires identités, si les
rapports touchant à toute la vie civile et religieuse
des prétendus Sémites et des Indous, peuvent s'expliquer par le hasard ou des emprunts.

Quand a-t-on vu le hasard calquer ainsi deux peuples l'un sur l'autre?

FIN.

TABLE DES MATIÈRES

FIN DE LA TABLE DES MATIÈRES.

Imprimerie Eug. HEUTTE et Cᵉ, à Saint-Germain.